带团队要能

识人用人管人

华阳◎编著

SPM 南方传媒 | 广东人民出版社

·广州·

图书在版编目（CIP）数据

带团队要能识人用人管人 / 华阳编著 . —广州：广东人民出版社，2022.8
ISBN 978-7-218-15826-6

Ⅰ . ①带… Ⅱ . ①华… Ⅲ . ①团队管理 Ⅳ . ① C936

中国版本图书馆 CIP 数据核字（2022）第 104807 号

Dai Tuandui Yao Neng Shiren Yongren Guanren

带 团 队 要 能 识 人 用 人 管 人

华阳　编著

出 版 人：肖风华

责任编辑：李幼萍
文字编辑：吴瑶瑶　张泱心
责任技编：吴彦斌
封面设计：范晶晶
装帧设计：杜　玲

出版发行　广东人民出版社
网　　址：http://www.gdpph.com
地　　址：广州市越秀区大沙头四马路 10 号（邮政编码：510199）
电　　话：（020）85716809（总编室）
传　　真：（020）83289585
天猫网店：广东人民出版社旗舰店
网　　址：https://gdrmcbs.tmall.com
印　　刷：珠海市豪迈实业有限公司
开　　本：787 毫米 ×1092 毫米　　1/16
印　　张：10.5　　　字　数：185 千
版　　次：2022 年 8 月第 1 版
印　　次：2022 年 8 月第 1 次印刷
定　　价：49.80 元

如发现印装质量问题，影响阅读，请与出版社（020-87712513）联系调换。
售书热线：020-87717307

　　被誉为"千古第一完人"的曾国藩因其识人用人之道赢得了"识人善用"的美名，他曾言："办事不外用人，用人必先知人。"要做成一件大事，必定需要人才的帮助；而要想辨别有用之才，就要有知人的本领。识人、用人是自古以来身为管理者不可缺少的素质，更是成就事业的必备要素，如何在众多可用之人中选择最优者，如何将各路人才管理得当，历来是各领域领导者最大、最难的课题。

　　随着职场越来越现代化、员工越来越个性化，企业也越发追求高效，管理者肩上的重任也因此在不断增加。特别是对于初升到管理层的新人领导来说，如何选拔得力干将，以及如何平衡员工满意度与业绩指标之间的关系，就成为"新官上任"的首要难题。而随着管理工作的不断深入，管理者往往会发现更多更复杂的问题，比如：面试时表现很好的员工却在入职后表现平平；有才干的员工往往也有极强的个性，管理起来轻不得重不得，左右为难；人才难得，更难的是将人才长久地留在自己的队伍中；中层管理者最难做，上面要业绩、有政策，下面员工却常常将不满意记在对自己的"印象册"上……这种种问题交错出现在日常工作中，使得管理者应接不暇、心力交瘁。

　　现代管理学有这样一个共识：管理的核心是人，管理的本质是建立融洽的人际关系。能够鉴别优秀的人，并与其组建良好的合作模式，共同长久地为企业做贡献，就是现代企业的杰出领导者。本书从识别人才、吸纳人才、带好人才三个方面入手，列举古今中外著名案例，深入阐述甄选、管理人才的经验和技巧，旨在为现代管理者提供良好的参考借鉴，助其识准人、用好人、管顺人，蜕变为一流的领导者。

CONTENTS 目录

CONTENTS
目录

07

第七章

做高效管理者：那些不可不知的管理秘籍

08

第八章

规避危害：良好的团队需要不断优化

CONTENTS
目录

第一章

慧眼识珠：
教你识别真正的人才

比尔·盖茨曾经坦言："假如挖走我们20个顶尖人才，那么微软将成为一家无足轻重的公司，绝对无法取得今天的成就。"无论在哪个行业，人才都是企业的重要资源，是企业成功的关键、根本。那么，管理者如何能在众多求职者中快速辨别可用之才呢？这便是本章要探讨的内容。

如何快速识别有用之才

管理学大师旦恩·皮阿特曾说："能借用他人智慧去完成自己工作的人是伟大的。"现代职场中，管理者最大的使命就是将人才聚集起来，创造企业价值。人才是企业的第一生产力，识人是每个管理者必备的能力之一。在每年众多的求职者中，管理者要能快速辨别其中的可用之才和有潜力的人，才能组建强有力的团队。那么在短暂的面试或试用期间，如何准确挑选出良才呢？

猎头，核心是看人，人各有其面相和气场。曾国藩说过："斜正看眼鼻，真假看嘴唇，功名看气概，富贵看精神。"几句话之间，便将古人识人的方法概括得清清楚楚。在当今社会，虽然面相学并不能作为识人的主要手段，但精神面貌却也反映着一个人的状态，同时也在一定程度上呈现出一个人潜在的才华。

在面试阶段，管理者首先要注意观察面试者的外貌。应聘者在面试时往往会十分注重自己的仪表装扮，干净、整洁是前提，更为讲究的人，还会在着装打扮上尽可能地靠近工作角色，以显示出对应聘职位的重视与热情。假如一个人在面试时不修边幅、衣着随意，那很难令人相信他会以认真的态度对待工作，这样的人自然是不可录用的。

案例

某时尚杂志编辑部需要招聘一名编辑，负责选拔的是主编和编辑小刘。经过一番筛选，他们将范围缩小到两人，其中一位是具备三年经验的从业者，另一位是刚刚大学毕业的应届生。复试后，小刘倾向于录用有经验的那个人，并认为主编也是这样的想法；谁知，主编却坚定地选择那位应届毕业生。面对小刘的不解，主编解释道："虽然这位应届毕业生是新人，但我能看得出他很有想法。两次面试，他所穿的衣服都经过精心搭配，其中有一套就是我们杂志上个月的推荐搭配。这说明他既对时尚充满兴趣，也对我们杂志有不少的了解。这样有想法和行业意向的人不录用，岂不是我们的损失？反观另外一位，虽然已有三年从业经验，但从他的打扮来看，他并不是真的对时尚感兴趣。"听了主编这一席话，小刘不由点头赞同。

除了穿着打扮，还要观察面试者的精神面貌。一方面是看其有无精气神，一个目光炯炯、活力十足的人，在工作中往往更为积极，更能以充沛的精力投入到工作当中；另一方面，也要观察其在回答问题时的表情和神态，在即时对谈中，这些往往能更加真实地表现一个人的心理活动。假如对方说话时眼睛直视前方，神色自若，并对面试官提出的问题从容作答，侃侃而谈，说明他非常有自信；但如果一个人的眼神闪躲、表情慌乱，则表明他对自己的发言缺少把握，或是对自我缺乏信心。根据这些细微反应，管理者便可以大致判断应聘人员是否有足够自信、业务能力是否扎实。

面试阶段，管理者还可以设置一些简单的情境，以此测试应聘者是否具备公司所需的某项素质，以便更快速、准确地选出合适人才。

案例

一家公司急聘一名总经理助理，并开出了优厚的待遇，前来应聘的人络绎不绝。经过两轮筛选，一名硕士毕业生和一名本科毕业生进入了最后的面试。这次面试由总经理亲自把关，他叮嘱前台，两人一到公司就将他们的随身物品寄存起来，并特意把面试安排在一间空无一物的房间里进行。

首先进入面试间的是硕士毕业生，总经理询问了几个问题后，就对他说："接下来是一道考验短时记忆的题目，请找张纸，把我说的内容写下来。"

硕士毕业生想起随身带的纸笔已经寄存起来，他环顾四周，发现房间里竟然连一张纸都没有，便只好尴尬地说："您说，我能记住。"

"还是找张纸记一下吧，题目很长。"

"没……没关系，我记忆力还不错。"

总经理说了一长串的三段数字，结果硕士毕业生只记住了一半。

轮到本科毕业生进行面试，总经理同样要求他找张纸做记录。他思考片刻后说："请您等我半分钟，我到前台借一下纸笔。"总经理听后便露出了满意的微笑，也决定把这个工作机会给到这位年轻人手中。

其实，这位总经理考察的并不是应聘者的记忆力，而是其主动思考和灵活应变的能力。现实中，公司管理者也可以采用同样的方式，在面试时设计有针对性的情境，将公司需求纳入其中，考察应聘者是否具备该方面的素质，以选拔最适合团队的人才。

看人靠阅历，选人凭经验。挑选人才不是一日之功，遇人多交流、多观察，久而久之方能练就出色的识人本领。

学历是否是衡量人才的唯一标准

在当今社会，各行各业对从业人员知识、技能的要求日益增加，在衡量人才时，古人所说的"英雄不问出处"似乎逐渐被时代所抛弃，用人单位越来越看重应聘者的教育背景，一所名牌大学走出来的高学历毕业生，往往更容易吸引面试官的视线。那么，在如今的职场中，学历变成了衡量人才的唯一标准吗？答案是否定的。

小故事

有一位名牌大学的硕士生毕业后被分到一家单位工作，在那个大学生还很少见的年代，他成了这家单位学历最高的员工。

一天，他闲来无事到单位后面的小池塘钓鱼。不一会儿，科里的主任也来钓鱼。硕士生觉得和这位大专学历的主任没什么可聊的，就静静坐着不说话。半小时后，只见主任站起来，嗖嗖几下，像从水面上飞一般走到池塘对面上厕所去了。硕士生惊呆了，心想："难道他会水上飘？"转念又一想："不可能，一定是池塘里有什么特别的装置。"正想着，主任便从厕所走出来，又从水面上如飞般走了回来。

这时，硕士生也想上厕所，发现绕路太远，又拉不下面子问主任，只好心一横，学着主任的样子往水里跨去，谁知扑通一声栽进了池塘里。主任见状连忙把他拉上来，笑着对他说："年轻人，池塘里有两排木桩，只不过这两天下雨，水没过去了。你如果能先问问我就不会摔进池塘里啦！"

这个十分具有讽刺意味的故事告诉我们，一个人的学历再高，也难免会有实战经验不足的缺陷；管理者在选择人才，特别是填充社会阅历要求较高的职位时，一味只看学历则很容易招错人。

反过来也一样，学历低的人并不一定就是没有能力的人。职场中有不少人，虽然简历不够漂亮，教育背景并不华丽，却身怀特长，并且勤奋好学，这样的人也是派得上用场的人才，管理者可以考虑给予机会加以培养。

案例

在某大型招聘会上，一家知名广告设计公司的展台前排满前来应聘的人，其中不乏从名校走出来的毕业生。当一个名叫江涛的人把简历放在桌子上时，招聘人员不禁有点吃惊：这个人只有高中学历，而他们的最低学历要求则是本科。这时，江涛开口道："请先不要在意我的学历，我完全有能力胜任这个职位。"接着，他掏出一本设计公司的设计样图，一一说明了样图中的不足之处，并提出了改进方案，每条建议既符合大众审美，又符合实际需求。负责招聘的人员称赞后提出质疑："只会分析还不够，你会做设计图吗？"

江涛二话不说就在电脑上演示起来，不过十几分钟，一张简单却满是细节的设计图就完成了。原来，江涛虽然没能考上大学，但对设计行业十分感兴趣，他最初在图文广告行打杂，用心学了各种关于广告设计、艺术审美的知识，又买了很多相关书籍，下班后自学钻研。就这样，他虽然没拿到相关学历，但专业知识和实践水准却一点也不比本科专业学生差。

招聘会的最终结果是，学历最低的江涛成为了这家公司的雇员。入职后，江涛果然不负众望，很快展现出过人的天分和拼劲，成为项目经理倚重的一员。

活跃在各领域的知名人士中，也并不是所有人都拥有高学历：著名主持人汪涵虽只有大专学历，但他通过努力从一名场记走到了今天的地位；冯小刚是中国电影界举足轻重的人物，他的最高学历也只是高中，却靠着对电影的热爱一路走到了今天；而文学界的郑渊洁，实际上只有小学学历，却凭着自身持续不断的努力，成为了知名的"童话大王"……即使到了今天，教育被人们前所未有地重视，学历仍然不是一个人最重要的标签。凡是愿意为了成功而努力的人，都具备成为人才的潜质。

由此可见，学历虽然在很大程度上反映一个人的知识累积程度，但并非衡量人才的唯一标准。公司选拔人才，除了看其在学校的成绩外，专业技能、社会阅历、为人处事、职业素养等能力也都是十分重要的，而这些能力是无法仅凭学历就得以评判的。因此，不以学历下定论，是对人才公允的评判，也是不错过人才的选拔技巧。

人才都有强大的自我驱动力

随着时代的不断发展，各行业间的竞争也越来越激烈，原本做到八十分就能在行业占据一席之地的企业，很快就发现有同行做到了一百分；而当自己也努力达到一百分时，却有更多对手在拼命向着一百二十分前进……在如此大的竞争压力下，企业所需的从业人员越来越偏向进步型、突破型，而具备这样潜能的，则是有着强大自我驱动力的人才。自我驱动力来源于对优秀的强烈渴望，这种渴望是行动的源泉。自我驱动力强的人，即使没有外界压力或他人的命令，也会抓住一切时机，积极努力地做事；不但个人进步神速，也会给企业带来巨大的希望，是管理者应当珍惜的高端人才。

在众多员工和求职者当中，管理者如何快速识别哪些人有着强大的自我驱动力呢？不妨观察他们是否有以下几个特征。

自我驱动力强的人往往是爱学习的人。主动学习是通往优秀的必经之路，特别是在如今这个日新月异的时代，放弃学习的人总是最快被淘汰。职场中有一类人，当别人在休息、娱乐、聊天的时候，他们总是在默默学习；当别人在关注网红、讨论是非时，他们则在关注工作和生活上的产出；别人听命令做事，他们则会主动思考、部署行动。有这般强大学习能力的人，往往比聪明却不好学的人更容易取得进步，做事也常常超出大家的期待。

值得管理者注意的是，自我驱动型人与被动努力型人有明显的差别：两者虽然都表现出努力学习的态度，但被动努力型人往往迫于某种外界或自我的压力而学习，对于他们来说学习是谋生的手段，是确保自己不被淘汰的筹码，因此这类型的人看起来往往是疲惫的、痛苦的；而自我驱动型人则乐于学习、享受学习，学习对他们来说不是苦差事，相反，他们总是能在其中感受到快乐和成就感。

自我驱动力强的人都有较强的主动思考和解决问题的能力。面对一项工作，他们习惯先进行透彻的思考，遇到困难也会主动寻求解决方法，尽可能地凭一己之力将事情做好。

案例

一家公司要招聘一名文秘，他们有意将面试地点安排在一座偏僻难找的办公楼中，并只告知了求职者地址，并未提供具体的到达路线和公交车次。果不其然，几乎所有面试者都回电询问，有的人还打了不止一次，反复打听交通路线、办公楼周边的标志性建筑等信息。而即使接听者——告知，他们之中还是有不少人在随后的面试中迟到。

有一回，面试时间定在了下午两点，就在面试官以为所约的求职者又会迟到时，有一位求职者不慌不忙地走了进来，微笑着和他打招呼。

面试官连忙问："你之前来过这里吗？"

求职者回答："没有,我是第一次来这里,还真有点不好找呢!"

"那你是如何做到不迟到的?"

"昨天您跟我约好面试,我就在网上查了这个地方,发现这里正在修路,原来的公交都停运或绕道了,于是我就提前两个小时出门,跟着导航一点点找了过来。到楼下的时候,还提早了半小时……"

听罢,面试官当即决定录用这位求职者。

工作中有这样一类人,他们在接到一项工作任务后,第一时间不是自我思考,而是一股脑儿地问一连串问题,恨不得安排任务的领导把一切细节都想好,自己只听吩咐执行。这类人即使有很强的执行力,也难以对企业起到良好的推动作用。

有强大自我驱动力的人往往也是完美主义者,其驱动力的表现之一就是不断精益求精,直到把事情做到令自己满意。

案例

一家刚成立的小公司招聘了两名美工,为了考验两人的专业能力,老板给他们各自安排了一项排版工作。美工小张很快就完成了工作,但老板看后,并没有给出很好的评价——整体排版虽然没有错误,但版面平平无奇,字体普通,文章之间的安排也有些混乱。而另一名美工小王却弄了一上午,午休时间也没有停下来。下午,他把成品交给老板,老板十分惊喜。小王设计的版面十分美观,每篇文章独立占据页面,清晰突出,所选的字体符合文章风格,就连背景也用心地加了颜色。老板越看越对小王赞赏有加。

半年后,公司规模扩大,美术部门又招了几名新人,老板将小王提拔为部门主管。

俞敏洪说:"优秀是一种习惯。"追求完美是自我驱动型人的习惯,在自我能力范围内,他们总是希望把事情做到最好。在这样的驱动下,他们会逐渐超越其他人,在优秀的路上越走越远。管理者要擦亮双眼,看到具备自我驱动特质的人才千万不可错失。

诚实守信是永不过时的品质

诚实守信是为人处世的基本原则，是一个人的安身之本，同时也是自古以来领导者十分重视的品质。唐太宗李世民在他晚年的著作《帝范》中强调："夫国之匡辅，必待忠良。任使得人，天下自治。"在他看来，国家一定要由品行良好的人来治理，有了忠臣良将，天下自然就能治理好。明代著名政治家吕坤也曾说："小人只怕他有才，有才以济之，流害无穷。"这句话原意是说最怕品德低下的人有才能，他有才能会助长他的诡变多端，贻害无穷。反过来我们也可以理解为：一个人的才华并不是最重要的，比才华更重要的是他的为人，用人者一定要选用德行良好的人。

对讲求效益的现代企业来说，这一点仍然非常重要。实战派管理咨询专家张顾严有这样一句话："一切的不如意，都是因为看错人，家庭、事业都是如此。"吸纳一个不诚信的人进入团队是危险的，无论是与上级还是同事协同工作和沟通，他都更容易会为了自身利益欺骗他人，给团队增加隐患。那么如何才能尽早鉴别员工的品性，了解他们是否诚信呢？其实，管理者在面试的时候就可以进行甄别了。

首先，管理者需要"察言观色"。虽然每个人都会在面试时努力表现出最好的一面，并极力保证自己在道德品性方面的无瑕，但一个人的表情和神态仍然会在不经意间暴露其真实的内心所想。管理者要想精准识人，就需训练一双"火眼金睛"，力争在最短的时间内了解求职者的真实内心。

比如，有些求职者为了增加被聘用的机率，会把简历夸大，甚至编造虚假的教育、从业经历。不过，这些假经历往往经不住盘问，面试官只要有技巧地加以询问，就能看出简历是否存在水分。

案例

某电视台需要招聘一名编导，职位要求至少有一年相关工作经验。其中有一位面试者的简历上写着"曾在横店担任跟组副导演一年半的时间"，面试官看他年纪很轻，不禁对简历内容产生了疑心，但又不便直接质疑，于是问道："做副导演很辛苦吧？在组里主要负责哪一块的工作？"

面试者毫不犹豫地回答："我负责选角、定演员，不算太累。"

面试官又问："是吗？我以前的愿望也是跟组，对那里的工作特别感兴趣，快跟我讲讲，你是如何跟演员对接的？试镜的时候就你一个人把关吗？要是导演对你选的演员不满意怎么办？"

这位面试者显然对这些问题没有准备，只见他眼神闪烁，前言不搭后语地说着："嗯，演员……演员是自己来报名，也有别人介绍来的，试镜嘛，有时候是我一个人，有时候是跟导演一起……"他的话还没说完，额头已经渗出一层汗。面试官这下全看懂了，他简历上的这一条是编造出来的。

说谎的人内心会慌乱，会避免与他人进行眼神接触，不是把头低下就是眼神飘忽。另外，如果对方在说话时总是支支吾吾，一个问题要想半天才能作答，那也侧面证明他底气不足，所提供的信息不实。

其次，除了观察面试者的神态之外，有些面试官还会设置特别的情境来考察求职者是否诚实。

案例

前来面试的小王刚踏进老板的办公室，老板就立刻站起身，三步并两步走到他面前，紧紧握住他的手说："哎呀，怎么在这见到你了，真是太巧了！"

小王一脸不解，刚要开口，老板又说："就是上个月，在林海公园，我带着女儿划船，她一不小心掉进水里，是你立刻跳下去救了她。可我这糊涂脑袋，连你叫什么都忘了。不过没关系，有你那天的相救，以后肯定不会亏待你！"

小王这才知道老板认错了人，连忙解释："您记错了，我没有在公园救过人。"

"怎么会，你的身形、样子我都记得很清楚，你就别谦虚了。"

可不管老板怎么说，小王始终坚持否认。过了一会儿，老板拍拍他的肩膀说："年轻人，你被录取了，到人事部报到吧！"

在充满诱惑的当今社会，诚实守信的品质不但没有过时，反而成了企业越发重视的人才素质。如果将企业比作一座大厦，诚信的员工就是大厦的基石，稳固而可靠；如果把企业比作一艘航行的船，员工就是划桨的人，只有正直、守信的员工才能方向一致，共同推动大船前行。

真正的人才经得起考验

在当今竞争激烈的商业环境中，企业要想长久存活并发展壮大，就要有足够的竞争力，而企业的竞争力就是所有员工竞争力的总和。在如今的职场，员工需要具备足够的能力，并且不断进步，才能适应团队和项目的升级，以此承担不同的角色要求和责任。具备这种能力的人，对于企业来说就是宝贵的人才。

为了培养这种工作胜任度高的人才，每个企业基本都设置了各种相对应的培训课程。除此之外，不同形式的考核则可以帮助管理者鉴别哪些是具备竞争力的人才，毕竟，真正的人才都是经得住考验的。

检验人才的标准有很多，除了专业技能外，探究欲望、耐力、变通能力等也都是新型人才所应具备的特质。

好奇心是人类的天性，是人不断进步的动力，一个人只有对身边的事物满怀探究的欲望，才会主动、自发地钻研、学习和总结经验。探究欲望是宝贵的特质，却常常被大家忽略。管理者可以细心观察自己的团队，不难发现，团队中总有一类人只关注自己的本职工作，对除此以外的事情完全没有兴趣，这样的人对待世界的态度是较为封闭的，很难成为当今社会所需的综合型人才；而也有一类人会像孩子一样充满好奇，遇到不懂的事情总喜欢探究到底。久而久之，这两类人在能力上就会产生明显的差距，后者毫无疑问会远远超越前者。因此，管理者可以通过日常观察的方式，考察员工们是否具备探究欲望这一特质。

真正的人才都是具备十足的耐力的。无论在什么岗位，重复性的操作都是无法避免的，要想在一份工作上长久坚持下去，耐力就显得无比重要。

案例

一个刚毕业的大学生获得了一次珍贵的面试机会，若是能通过面试，他将进入海上油田钻井队做技术员。这份工作高薪又体面，让很多同学羡慕不已。

面试当天，队长要求他登上几十米高的钻井架，把一个纸盒拿给井架顶层的主管。他心想：这有什么难的。他接过纸盒，很快就登上了顶层，把纸盒交给了主管。主管在上面签名后，就让他原路返回交给队长。他便拿着纸盒下了井架，还给了队长。谁知，队长也在上面签了个名，让他再送到顶层给主管。如此反复三次，他累得气喘吁吁、满头大汗，更令他不爽的是内心的愤怒：这种毫无意义的工作不是故意折磨人吗？

等到队长第四次让他拿着纸盒上井架的时候，他把盒子往地上一摔，喊道："这是什么破面试，我不干了！"纸盒散在地上，里面掉出一块蛋糕。队长对他说："这份工作比其他工作更容易遇到危险，因此要求队员有极强的忍耐力和承受力，只有这样才能完成海上作业。如果你再坚持一下，就能完成四次考验，吃到里面的蛋糕，得到这份工作。但是现在很遗憾，你面试失败了。"

现实职场中有很多人走了这样的路线：刚入职时斗志昂扬、激情满满，对待工作积极主动、认真负责，但时间长了就会热情减退、丧失拼劲，甚至消极怠工、偷懒耍滑。这决定了大部分人在职场中的高度，只有少数坚毅的耐力派才具备更高层次的人才素养。

灵活的变通能力也是人才的一大特质，懂得随机应变的人是每个团队都需要的强者。

案例

1991年7月，刚从北京广播学院毕业的李咏到中央电视台参加主持人招聘考试。到达面试地点后，他发现内部的闭路电视全部开通，台里所有人都能看到面试现场，前来面试的大多是年轻人，大家都显得有些紧张。在这样的气氛下，很多人表现不佳，走出来时都苦着一张脸。

轮到李咏时，面试官问了一系列专业问题，他都对答如流。接着，面试官问道："海湾战争参战国都有哪些国家?"李咏搜肠刮肚,说出了几个国家,但唯独少了伊拉克。正在他绞尽脑汁的时候,台下有人小声说了一句:"你忘了伊拉克。"李咏肯定面试官也听到了,自己这时再补充伊拉克也不合适,于是他灵机一动,对提醒他的人说:"我早想到了,但联合国正制裁它,那是'敌'国,我肯定要放在最后说呀!"一句话把在场的人都逗笑了,也给面试官留下了深刻的印象。就这样,李咏顺利进入中央电视台,成为了家喻户晓的主持人。

真正的人才经得起考验,他们既具备常人所没有的探究欲望和耐力,也有着比其他人快的反应速度和变通能力,是现代企业中最宝贵的全方位能手。管理者在平时不妨多加考察,识别团队中的潜在人才。

高情商是绝对加分项

职场是一个特殊的人际场,所有的工作都需要通过与他人的配合完成,一个人情商越高,越善于处理人际关系,在职场中往往就越有竞争力。往小了说,一个人的高情商,侧面反映了这个人在工作交际中不错的人缘关系,在遇到困难时很容易得到来自于同事的帮助,相较而言,个人发展之路就会更为顺畅;往大了说,一个团队中高情商的人越多,越能带动整个团队向良好的氛围发展,使同事之间形成良好的合作关系,使整个团队的凝聚力更强。可以说,无论在什么时代、什么性质的企业当中,情商都是绝对的加分项,有时甚至比专业技能更加重要。正如美国现代成人教育之父戴尔·卡耐基之言:"专业知识在一个人的成功中只发挥了15%的作用,其余的85%则取决于人际关系。"

高情商的员工是值得重用的,管理者应多加关注。通常来说,高情商的人在为人处事方面有以下几个明显的特征:

首先,是拥有良好的自我情绪管理能力。一个人如果连自己的情绪都无法控制,就更谈不上妥善处理与他人之间的关系。工作中有些人止不住地发脾气,对他人包容性极低,甚至在看到别人在某个工作环节上出现失误时大发雷霆,使得人人都不敢靠近他;也有一些人总是把生活中的负面情绪带到工作中，不仅自己工作状态差，还很容易影响周围同事；还有一些人情绪化非常严重，忽悲忽喜，令人摸不到头脑……这些都是情绪管理能力差的表现，也是职场中的大忌。相反，遇事有耐心、不骄不躁，乐观积极、情绪平稳的人，并非在生活和工作中没有不顺心的事，而是他们有良好的自我调节能力，不使个人情绪影响团队，这是高情商的体现。

其次，是懂得站在他人角度考虑问题，遇事说话总是能考虑到对方的感受。

案例

刘燕进公司已经三年了，虽然业务娴熟，但为人处事过于刻薄，常常让同事下不来台，因此在公司里的人缘一直不太好。

有一天中午，邻座的小吴拿出从家里带的火腿肠，刚要吃，刘燕笑着说："你就吃这个啊？也太次了吧，我家都是买这个牌子的火腿肠喂宠物的。"小吴愣住了，吃也不是不吃也不是，场面非常尴尬。

某天下班后，大家一起去聚餐，刘燕和三个同事乘坐同一辆网约车，坐在副驾驶的小李怎么都调不好座椅，坐在后面的刘燕急了，喊道："你怎么连座椅都不会调？原始社会来的吧？挤得我腿都没地方放了！"小李顿时满脸通红。

还有一次，一位同事需要翻译一张图片中的日语，但因图片太模糊，翻译软件难以识别。他想到刘燕学过日语，就把图片发给她，请她帮忙。谁知，刘燕在工作群里回复道："这图这么模糊我怎么看？你怎么想的？脑子没问题吧？"

一段时间后，部门要选一名主管，刘燕是几个员工中最具资历的，因而信心满满。但令她没想到的是，她不仅没选上主管，还被经理以"无法与同事处理好关系"为由辞退了。

高情商的人既懂得让自己开心，也时刻牢记让别人开心，一个总是让周围人难堪的人，迟早会被现代职场所淘汰。

最后，是懂得感恩，即使只是微小的、常常被他人忽略的事情。

案例

一个名叫史蒂文·斯诺夫斯基的男人在一家公司做程序员,在他工作第八年的时候公司倒闭了。而这时,他的第三个儿子出生了,巨大的经济压力使他不得不急切地寻找新工作。然而一个月过去了,他毫无收获。这天,他在报纸上看到一家软件公司正在招聘程序员,待遇远远超过上一份工作,于是他立刻预约了面试。前来应聘这个职位的人非常多,他好不容易过了初试、笔试两关,但还是在最后的复试中被刷了下来。

同时被淘汰的人都心怀不满,抱怨这家公司浪费了自己的时间,史蒂文却没有任何怨言,反而在回家后手写了一封信,对这家公司表达了感谢之情。他在信中写道:"虽然我没能通过最后一关,但也在这次面试中增长了见识,感谢贵公司为此付出的人力和物力!"公司高层收到来信后,不禁为史蒂文的感恩精神所感动,就连总裁也对他颇为赞赏。

三个月后恰逢新年,史蒂文收到一张精美的贺卡,正是他落聘的公司寄来的,上面写着:"尊敬的史蒂文先生,如果您愿意,请与我们共度新年。"原来,公司出现了职位空缺,人事部第一个就想到了他。就这样,史蒂文加入了这家公司,经过十几年的努力,他一路做到了公司的副总裁。这家公司就是美国著名的微软公司。

高情商是打造良好人际关系的必要条件,能处理好与他人之间的关系,专业知识才能发挥更大的作用。就连美国石油大王洛克菲勒也说:"我愿意付出比得到其他本领更大的代价,来获取与人相处的本领。"可见,处理人际关系的能力是职场人必不可少的素质,管理者在选人、用人之时,一定要对其情商加以考量。

第二章

用人不苟：
优势、短板的权衡与取舍

识人、选人一直是人才管理方面的难题，也是最为关键的环节，正因为其如此重要，所以在甄别人才时不可过于主观随意及追求完美，也不可单凭一己好恶来用人，建立一套相对科学的系统和手法尤为重要。选人要有一把规范的尺子，用什么样的尺子衡量，就会得到什么样的结果。

人无完人，用人切勿追求完美

很多管理者在雇用员工时都希望对方多一些才能，少一些缺陷，如果能遇到"零缺点"的完美人才，那更是如同发现了宝藏。但实际上，经验老到的管理者都发现了这样一条规律：没有缺点的人才是不存在的，所谓的完美往往是一种假象，而一些看起来样样皆通的人，实际上很可能一无是处。

管理界大师张启明先生曾经发表过这样的观点：世界上没有一个人是全才，优秀的管理者擅长发掘员工的长处，带领平凡的人做出不平凡的事。不仅如此，他还说："才干越高的人，他的缺点往往也越多。"换言之，对于那些有明显缺点的人，管理者不但不能轻易淘汰，还应加以观察，发现他们身上不同于他人的闪光之处。

案例

一家饭店新来了一位后厨学徒，他发现店里的猫常常会在厨房里偷肉吃，有时甚至会引来周围的猫一起偷吃，虽然吃得不多，但日积月累下来对店里也是一种损耗。于是，他向老板提议，把猫带回家养，或者关在笼子里。老板笑着说："小兄弟，你肯为店里着想，想办法节约成本，这让我非常感动。但是，你要记得，不完美的事物，往往也有着无可替代的作用。猫虽然会偷吃东西，但如果没了它，偷吃的就会变成老鼠，到那时，店里的损失就不止这点'猫粮'了。它偷的那点肉，就当作是我付给它的'薪水'吧！"

学徒这才恍然大悟，理解了老板的用心。

现代管理学之父彼得·德鲁克说："你要雇用一个人的双手，就要雇用他整个人。"人不能等同于机器，管理者更不能单纯将他们当作不会出错的生产工具，要利用一个人的优势，就要同时接受他的不足。在用人时吹毛求疵，很容易错失真正的人才。正如《围城》一书的作者钱锺书，虽然他数学常常拿零分，但文采无比出众，被慧眼识珠的清华大学破格录取。

当你遇到看似完美的员工，是不是就如同遇到宝贝一样，想迅速将他纳入自己的团队中呢？其实也不尽然。相信职场中不少管理者曾碰到"各方面都很出色"的应聘者，起初欣喜若狂，不久就会发现完美实则是一种陷阱。外表看起来毫无缺陷很有可能源于一种有意的表演，在这种伪装背后的人往往有两个特征：一是缺少真才实学，二是难以与身边人融洽相处。

美国第16任总统林肯曾说："我的生活经验告诉我，没有缺点的人往往优点也很少。"世上本无完美之人，那些处处都要展现优势的人，往往将过多的精力放在了掩盖缺点上，而难以专注于对自身能力的提升，时间久了都会暴露出平庸的一面。著名作家钱锺书对此打过这样一个比喻："一个人的缺点正像猴子的尾巴，猴子蹲在地面的时候，尾巴是看不到的，直到它向树上爬，就把后部供大众瞻仰。""尾巴和屁股"是每个员工都有的"东西"，如果花费太多的时间在伪精致和伪完美上，势必会失去展现真正实力的机会。正因如此，那些看似完美的人，其实通常也没什么过人之处。

另一方面，过分追求完美的人，一般来说对周遭的人也十分苛刻，这使得他们较难融入团队，也会在无形中给其他员工带来压力。

案例

某广告公司新来了一名员工刘越，试用期间表现得十分得体，不仅从不迟到早退，在工作上也丝毫不肯为他人添麻烦，属于自己的环节总是按时完成，准时交接给下一环节的同事。虽然他创意平平，但经理王磊在考虑后还是决定把他留下来。谁知刚转正不久，他就和同事起了摩擦，不是指责同组员工拖了进度，就是埋怨拍片的同事毁了他的创意，就连邻座的女同事多喷了一点香水，他都故作嫌弃地戴上口罩，惹得女同事十分尴尬。入职不到三个月时间，大家不仅不愿意和他同组工作，就连平时也总躲着他，经理王磊这才后悔留用了他。

当一个人对自我要求十分完美的时候，免不了也会以严格的目光审视周围的人，虽然他们很少给别人制造麻烦，却也容不得他人对自己有任何影响，共处时难以容人，遇事则斤斤计较。在绝大多数工作都要靠团队协作完成的今天，一个不能包容他人的不完美的人，显然不利于团队成员之间的和谐共处。

王安石曾指着几十盆青松，要众人辨别真假，大部分人都逐一摸索，花了很长时间才分辨清楚，有个人却很快指出了哪些是真松、哪些是假松。王安石十分惊奇，问他是如何做到的。那人回答："这其实很简单，只要看看它们的枝叶，凡是有小虫眼的，必定是真的。"没有瑕疵的事物是不真实的，辨物如此，识人也同样。

敢于雇用比自己更优秀的人

相信很多人都看过漫画家方成的著名漫画作品《武大郎开店》，它讲述的是开炊饼店的武大郎为了维护做老板的尊严，招的伙计都是比自己矮的人，店中满是一片滑稽景象。方成通过夸张的艺术手法，讽刺了社会上某些领导嫉贤妒能、不允许比自己强的下属留在团队中的现象。虽然漫画看来荒诞，但事实上现代企业中并不少见：有些管理者为了确保自身权威和地位不受威胁，在招人时只录用平庸之辈，遇到比自己更优秀的则毫不犹豫地淘汰出局。享有世界声誉的"广告教父"大卫·奥格威，就曾经针对这类情况与下属进行过交流。

在一次董事会上，奥格威在每个中高层管理人员面前的桌子上都放了一个盒子，并对大家说："请诸位打开看看，里面就是你们自己。"大家疑惑地打开盒子，发现里面是一个外观酷似自己的小型玩具，而轻轻打开玩具的身体，里面出现了一个更小的、外观相同的玩具，直到打开最后一层时，最小的玩具露了出来，上面贴着一张纸条："假如你永远只任用比自己差的人，我们的公司就会沦为侏儒企业。如果你敢于雇用比自己强的人，我们公司就会成长为行业巨人！"

在建立自己的广告帝国时，奥格威最为重视人才，他认为，一个企业的根本就是人才，优秀的员工才是公司最强有力的支撑。根据这个准则，他一再强调要优先雇用"身边最能干的、优秀的人"，而对那些欺压下属、嫉贤妒能者一律不予重用。

虽然每家企业都在倡导人才的重要性，但在实际选拔过程中，一些管理者仍存在"选人避才"的弊端，他们更愿意招才能平平但听话的员工。自然，这样的员工有其易于管理的优势，但他们却缺少帮助公司解决问题的能力，更不用说开拓精神、创新意识和自我发展的能力了。如果团队中都是这样的平庸之辈，发展重任全部落在管理者肩上，公司便会陷入进步无望的境地。纵观古今中外那些做出一番大事业的人，无一不是敢于任用比自己优秀的下属，借助各种人才的才能，才成就了不朽功业。刘邦本是一介小小里长，却能在与项羽争霸天下的过程中走到最后，正是因为他不拘一格，大胆任用良才——有谋略的张良、善战的韩信、有大智慧的萧何，还得到了其他众多人才的辅助，若缺少任何一个都有可能无法成就大业。贩卖草席为生的刘备，能在乱世之中脱颖而出，最终建立蜀国并使其成为鼎立于世的三国之一，也少不了诸葛亮的出山相助，以及关羽、张飞、赵云等忠将的尽心辅佐。试想，假如这些人因嫉妒手下贤能而不予任用，只凭一己之力想要完成争霸天下之大事，岂非天方夜谭？

案例

美国钢铁大王安德鲁·卡内基的墓碑上刻着这样一句话："一个知道选用比他本人能力更强者来为他工作的人安息在这里。"卡内基之所以能成为一代钢铁大王，拥有将近3000亿美元身价财产，其中最为他本人认可的原因之一就是善于任用比自己更强的人，并使他们极力发挥自身长处。

有一次，卡内基听说下属工厂布拉德钢铁厂有一位名叫齐瓦勃的工程师，工作十分热情，且有着杰出的管理才能，便马上提拔他当了厂长。果然，齐瓦勃上任不久，工厂便在他的管理下迅速发展壮大。卡内基不无骄傲地说："就是因为有齐瓦勃所管的这个工厂，我什么时候想占领钢铁市场，市场就是我的，因为我能造出价格便宜质量又好的钢材。"几年后，表现出众的齐瓦勃被任命为董事长，成为卡内基公司的核心人物。

在齐瓦勃当董事长的第七年，控制着美国铁路命脉的大财阀摩根提出与卡内基联合经营钢铁市场。卡内基把拟定的协议交给齐瓦勃，让他与摩根洽谈。齐瓦勃却说："如果您按这些条件去谈，摩根一定乐于接受，但您将会损失一大笔钱。"于是，他将自己事先进行的详细调查结果告诉了卡内基。卡内基这才发现自己的疏漏，于是全权委托齐瓦勃负责这场合作的谈判。最终，齐瓦勃不负所托，取得了对卡内基公司大有好处的合作条件。

卡内基曾说："即使把我的资金、机器、工厂全部拿走，但只要留下我的人，不出四年，我将又是一个钢铁大王。"他之所以有这样的底气和自信，正因为他懂得任用人才，并成功招揽了一大批懂管理、有技术，并且比自己更优秀的人。

敢于雇用比自己更强的人，这代表着管理者拥有充分的自信，相信自己可以领导优秀人才，而不是只能掌控平庸之辈；敢于雇用比自己强的人，也表明管理者具备远大的眼光和抱负，具有十足的开拓意识和精神。谷歌首席人才官拉斯洛·博克在他的著作《重新定义团队》中则进一步提出"只雇用比你优秀的人"的说法，往深处想，即是把眼光放在比自己更强大的人身上，你才能脱离普通的管理者身份，成为了不起的领导者。

不以个人喜好挑选人才

每个人在人际交往中都有自己的喜好：有的人喜欢活泼外向的，有的人喜欢沉稳话少的，有些人看重人品，有的人则更愿意和聪明人打交道……生活中如此，每天和人打交道的管理者在职场中也是如此，特别是在面对一个团队或是挑选人才时，管理者难免会带入个人情感，以自己的偏好挑选或重用某些人或某个人。

也许有人会说，身为管理人员，挑选员工当然要挑自己喜欢的，只有大家互相欣赏，才能在一起工作。然而实际情况却不一定如此，如果管理者不考虑岗位需求，一味以自己的主观意向来决定人选，结果往往都有失偏颇，导致招来的人不合适，合适的人又白白错失。

案例

某公司老总需要一个专职司机，他把招人的任务交给了刚刚升任主管的刘新负责。刘新十分重视这件事，三天的时间面试了将近十人，最终把范围缩小到两人——李司机和马司机。为了检验驾驶水平，最后一次面试是两人轮流试驾。刘新颇费心机，特意在座位上放了一只充满气的气球，并时时观察气球的移动，借以判断两个司机的驾驶水平。

结果证明，两个司机果然都是经验老到的好手，气球几乎没有出现大范围晃动。不同的是，李司机开车时异常沉默，除了回答刘新的问题，就再也没有多说一句话，而马司机则恰恰相反，他十分活跃，不断地主动挑起话头，和刘新聊得不亦乐乎。试驾结束后，他还不忘调侃刘新："以前我的几任老板都是在车上放杯水，放气球的您还是头一个，我今天也算长见识了……"面试后，刘新觉得和马司机相谈甚欢，而李司机过于乏味沉闷，就按照自己的直观感受，向马司机发出了录用书。但出乎他意料的是，仅仅两周后，老总就解雇了马司机，并让刘新打电话给李司机，请他到公司入职。原来，老总需要的正是为人沉默、懂得保密的司机，而马司机却总是侃侃而谈，还把面试的细节也一一告诉了老总。刘新识人不明，判断失误，在老总那里也失了分数。

聪明的管理者在招人时，不会过多考虑对方和自己是否合得来、是否讨自己喜欢，而更多会参照岗位需要，选择能把工作做好的人。在工作中与下属相处愉快固然重要，但管理者应时刻保持大局目光，以确保招对人才，用好人才。

凭个人喜好选人，还很容易走入"第一印象论"的怪圈。无论是在生活还是工作中，我们常常会在初次见到一个人时就默默地在心里打印象分,这个分数虽然有一定根据,但由于主观因素发挥着较大的作用,难免会有失偏颇,有时甚至与真实情况相差甚远。而在面试时,人们更是会竭尽全力展现最好的一面,更有部分人会展现"伪装"的一面,这使得第一印象往往流于表面,过于肤浅,参考意义并不大,不可过分信赖。要想了解一个人是否有真才实学,是否具备良好的职业道德,还需要更科学的考验和观察,而不能仅仅靠一次简单的会面就得出结论。所谓"路遥知马力,日久见人心",才华和品德一样,也是要经过一定时间才能真实展现的。在识人时多以冷静的眼光观察,以理智的方式权衡,就能避免被第一印象所局限。

另外,凭个人喜好挑选人才,选出来的往往是自己的"同类":沉稳型的领导更喜欢沉默少言的员工,实干家式的领导更看重踏实勤快、任劳任怨的员工,智慧型领导更倾心机智聪明的员工,演说能力强的领导则更欣赏能说会道的员工……从个体角度来说,这样的挑选偏好无可厚非,但从团队整体来看却不是一件好事,最直接的影响就是会造成团队人才的单一,无形中削弱团队的综合实力。

案例

孙总经理要招一名助手。孙总为人保守、思想传统、做事求稳,凡事都要有十分把握才肯确定实施,然而他却对筛选简历和负责初试的人事经理说:"看上去太老实的人不考虑,选几个活泼的,哪怕有点儿冒失也无妨。"人事经理虽然不明白其中原委,还是照做了。复试时孙总亲自把关,聘用了只有二十三岁的小伙子李建。李建思维活跃,乐于表达,初试时才进门两三分钟,就和人事经理聊得像熟人一样了。

试用期间,孙总对李建十分满意,原本定好三个月试用期,不到两个月就办了转正手续。面对人事部的疑惑,孙总解释说:"这几年我觉得自己的思维模式越来越固定,手下的人也大多只敢听命令执行,我很难听到不同的意见。自从李建来了以后,我常常能获取到新鲜信息,了解到时下年轻人的关注热点以及他们思考问题的方式。不光如此,就连气氛严肃的商务聚会,这个小伙子都能轻轻松松让气氛活跃起来……我的队伍正缺少这样一个人,当然要重用。"

以自己的喜好用人，得到的更有可能是自己的复制品，即使优秀，也难免出现人才重复、团队功能单一的缺陷。换个角度选人，吸纳多类型人才，不但有利于团队技能的互补，对管理者自身和团队的成长也将大有裨益。

人才鉴别三步法

如果说用人是每个管理者的核心任务，那么识别人才就是通往成功用人的大门。在众多求职者中甄选有用之才，就如同在苍茫的沙粒中挑选珍珠，是一件极其考验眼光与耐力的工作。所幸的是，古往今来的领导者通过不断努力和亲身实战，总结出了诸多鉴别人才的经验，以供我们参考。

用人用其长，能力是所有管理者必先考察的一项，也是鉴别人才的第一步。能力是每个人的立足根本，对于员工来说自然是越大越好，对于企业来说也同样如此。管理者在雇用员工时，不应人为地设置"能力天花板"，更不应以自己的能力为标准来选人，要敢于突破界限，任用比自己更强的人，打造超强团队。

同时，学习能力也需要考量在内，甚至比短期内呈现出的职业技能更为重要。学习是一个人进步的阶梯，一个懂得自主学习，并且有较强学习能力的人，对于每个企业来说都是不可错过的人才。孔子曾言："生而知之者，上也；学而知之者，次也；困而学之，又其次也；困而不学，民斯为下矣。"生来就知的人属于天才范畴，然而这类人是可遇不可求的；懂得学习而明白事理的人也很优秀，是管理者应当着重选拔的；而遇到困难才学习，以及遇到困难也不肯学习的人在孔夫子看来是末流之辈，是管理者应当避免任用的。

不过也有一些例外情况，比如某些岗位需要的员工并非"能力型"，而是"耐力型"或"踏实型"，这时管理者招人就不能单纯以能力论，而应从岗位所需因素考量其是否合适。正如剁骨刀虽然能斩断厚硬的肉骨，但用来切蔬菜却又沉又难用；而有治国之才的大能人管仲、李斯，若安排他们去洗衣服则肯定不如浣衣女洗得干净。假若不考虑实际需求而随意点将用兵，结果不仅工作效果大打折扣，还很容易造成人员流失。

鉴别人才的第二步是看性情。性情直接影响着一个人在职场中的人际关系，从而决定其与他人协作的能力。有的管理者认为,大凡有才气者性情都有些傲慢,性格随和的人往往也没什么大才能。事实其实并非如此。哲学家周国平曾说:"我相信,骄傲和才能是成正比的。但是,正如大才朴实无华,小才华而不实一样,大骄傲往往谦逊平和,只有小骄傲才露出一副不可一世的傲慢脸相。"可见,表面随和大度的人并不一定缺少才能,相反,他们可能正是因为才能不一般,具有充分的自信,因而镇定自若,不轻易显露态度,所谓虚怀若谷、大智若愚即是如此。

案例

某广告公司要招一名视频设计人员,在对比简历作品后,负责招聘的胡经理决定在李明华和郭林之间选择一个。最后一次面试时,胡经理将两份同样的广告策划案放在他们面前,要求他们各自标出其中不合理的地方,并对文案做出评价。半小时后,两个人将结果交上来,胡经理仔细看后发现,两个人都将不合理的地方标记了出来,并对应提出了有效修改方案,因此两人的专业水平相差无几。不同的是,在最终的整体评价中,李明华写了大段总结,力证这份文案错误百出、水平低下;而郭林则只写了一句话:"这是一份需要稍加修改的好文案。"就在陪同面试的人以为胡经理会选择更加"心细""逻辑更清晰"的李明华时,他却毫不犹豫地在郭林的简历上写了"留用"二字。他解释说,从对文案的批注来看,郭林的细致程度并不逊色;而从性情、处事来看,郭林懂得照顾同事的感受,能够发现他人的优点,因而更能适应团队协作。

有大智慧者,表面上更谦和,更能看到他人的长处;唯有小聪明的人才咄咄逼人,喜欢贬低别人来抬高自己。如郭林一样在竞争场所还能做到平和、从容的人,不仅性情谦逊、低调,同时也可窥见其内在具备着非同常人的才干。

鉴别人才的最后一步是观其德行。古人将人才划分为德才兼备、有德无才、无德有才和无德无才四类。看上去似乎第四类人属于人才末流,但司马光却认为,用人宁可选择第四类,也不选择第三类,因为有才的小人,搞起破坏来杀伤力不可估量。可见自古以来,人们对品行就十分看重,甚至认为它超越了才干。

案例

吴起是春秋时期名噪一时的军事家，他先后在鲁、魏、楚三国担任军事将领，都做出了不小的贡献，更使楚国出现了"南平百越，北并陈蔡，却三晋，西伐秦"的强大局面。但他的品行不佳，母亲病死不回家奔丧，甚至曾为了求将而杀妻，因此无论在哪个国家出仕，他的功绩总是会败于人品，先后被旧主弃用，最终死在楚国贵族手下。他一生几乎从未打过败仗，军事才能与孙武不相上下，也著有《吴起兵法》这样重要的军事典籍，但后人始终不愿将他与孙武相提并论，正是他失于人品所致。

古人培养人才以德为主、以才为辅，这是因为他们认为培养一个人的才干不难，但教育一个人的人品则不是易事。虽然现今的教育把成才放在了一个很重要的位置，但古人的用人经验仍然值得现代企业借鉴。

员工的几个价值层次

假设你有一个书店，但经营惨淡，顾客寥寥，你会怎么做？或许你会抱怨："现在的生意太难做，那些网上书店把读者都养懒了，余下的生意被线下连锁书店和大型书城抢走了，压根儿没有小书店立足的位置！真是倒霉！"或许你并不抱怨，但也懒得改变，多卖多挣，少卖就少花。或许你会想办法改善，把书店设在学校旁边，打听学生、老师们喜欢的书的类型，甚至效仿那些成功案例，也开起网店。又或许，你想更进一步，想比其他书店做得更好，因而不断寻求创新，试图走出一条属于自己的路……

这几种不同的想法与做法，反映了不同的人的价值层次，也代表着其所能发挥的实际价值。现代企业中，很多管理者开始以此为标准，衡量每个员工的可塑性和可提升空间，从而断定其是否为可用人才。对于低维度的员工来说，一切工作在他们面前都可能是困难，甚至是难以逾越的高峰；而在高维度员工的眼中，一切问题都只是行动的标志，在积极的行动中，看似困难的事情都不足以成为困难。二者的工作效率及解决问题的能力差距，由此可见一斑。那么人才分为几个层次？每个层次的不同行为特征是什么呢？

下面的分类可以给广大管理者提供思路。

第四层次，依赖环境的员工，也可以叫"四流人才"。这里的环境并非单指办公环境、氛围的好坏，而是指一切可能对工作造成影响的外部因素。这层次的人典型的思考模式是：大环境真令人不满意、都是你们的错、事情要这样发展我也没办法……在他们的认知中，工作太累、工时太长是领导的错，办公环境差是公司和同事的错，接不到订单是市场不景气、客户难搞，甚至工作状态不好也能怪到天气上。总而言之，除了在自己身上看不到问题之外，其他的任何事情都可以作为做不好工作的借口。处在这个层次的员工，别说成为公司业绩的承担者和支柱，就连完成分内工作也是一件难事，因此是各个企业最先淘汰的那一类人。

案例

王路是某个大型网络商务中心的电话客服，在一线接了一年普通订单后，她被转到了投诉专席，处理客户的投诉来电。但两个月后，主管发现经她处理的投诉订单中，有一半以上不但没有得到妥善解决，反而因为她态度不好、处理速度慢等原因升级为严重投诉。主管三番两次找她单独谈话，并提出对她进行二次培训的建议，王路却不同意，还不满地说："我原本在一线做得很顺手，是您说投诉席缺少人手，一定要把我调过来。我当初就说了，我不一定能做好，所以现在这样您也不能怪我呀。再说，您听听那些投诉的客户，一个比一个横，一急起来就说方言，我一个北京长大的人，哪听得懂那么多方言？好不容易听清了，我把单子发给相关售后人员，他们处理得慢，我有什么办法呢……"

一连几次谈话，王路都是这样坚决的态度和说辞，并一再拒绝重新接受培训。虽然公司用人紧缺，但主管和经理商量后还是决定将她辞退了。

第三层次，得过且过型员工，也可叫"三流人才"。这个层次的员工虽然不像"四流人才"那样喜欢抱怨，也能看到自己身上的不足，明白努力就能改善环境的道理，但他们缺乏进取心和动力，即使工作和收入一般，也没有太大的热情去改变，大部分时间都在随波逐流，跟着领导的命令走。

对于管理者来说，"三流人才"虽然可用，但应尽量给予积极引导，想办法刺激其工作热情，使他们在完成本职工作的基础上能有其他方面的建树，不做只听差遣的"小跟班"。

第二层次的员工对于企业来说就是需要珍视的人才了，他们面对工作中出现的问题，不仅不会抱怨，还会主动寻找解决方案，积极调整工作方式，改变不利环境，交出满意的答卷。

"二流人才"是十足的行动派，他们口中很少有"怎么会这样""真是运气差"之类的抱怨，而更多是"我如何解决这个问题""怎样能再提高一点业绩"等积极想法。"二流人才"不仅自己的工作做得好，还能通过行动给身边的同事带去帮助，从而促进整个团队向好的方向发展。

第一层次的人才是怎样的呢？他们比第二层次的员工更进一步，不仅工作态度好，能力更是高出一等，思维也更为开阔。在他们身上，完成任务只是基本工作，他们会主动、自发地开拓创新，将企业的事情当作个人的事情一般认真对待，是当之无愧的"一流人才"。

案例

20世纪50年代，某地有家店面很小的米店，由于地处偏僻，价钱方面又难以与大型米店竞争，因此客源稀少，经营惨淡。就在老板一筹莫展的时候，店里新来的小伙计为他打开了局面。由于当时没有送货上门服务，顾客买米后需要自己扛着走回家，这个伙计便主动将遇到的要买米的人家记下来，再请老板派遣伙计送米上门。这样一来，顾客得到了便利，选择在他们店买米的人一下子多了起来，米店很快供不应求，不得不寻找更大的店面扩大经营。老板十分高兴，不但正式留用了这名伙计，还付给他比别人高一倍的工钱。

二流的人才是企业的支柱，而一流的人才可以给企业带来革新，甚至挽救败局。在选拔和管理员工的过程中，管理者应留心加以甄别，使人才得以重用。

独具慧眼，人人都是"潜力股"

身为管理者，你是否遇到过这样的情况：有的员工平时在团队中默默无闻，业绩也不是最出色的，但在关键时刻却发挥了令人意外的作用，让人刮目相看；也有一些人，面试时平平无奇，将他招收进来也并未抱太大的期望，而他却做出了令人惊喜的好成绩，使你不禁庆幸当初的选择。这些现象说明了一个道理：每个人的身上都有闪光点，仔细挖掘、悉心培养，员工便都是"潜力股"。

然而"潜力股"的挖掘需要时间，有时更需要在特定的条件下才能发现，一不小心就有错失的遗憾。为了防止这种损失，管理者就要尽早修炼"火眼金睛"，了解"潜力股"的特质，确保快速、准确地抓牢人才，不致错失。

那什么样的人才是具备巨大潜力的呢？

"潜力股"的第一个特征——他们成长的速度往往比身边的人快。团队中有一类人，或许天资不高，专业技能方面的起步点也比别人低，甚至平时不喜欢表现，在团队中存在感很低，但在一段时间之后却展现出惊人的进步，是"吕蒙式"的人物。有这样表现的人，他们的进步往往不是一时的，而常常是长期、稳定的发展，这与他们很高的自我要求和超强的学习能力是分不开的。因此，管理者要注意发现团队中的这类人才，即使是平时少言寡语、不爱表现的人也不要忽视。

"潜力股"的第二个特征——他们比别人更"有心"。大多数人在职场中都只专注于自己的本职工作，一些能力平庸的员工甚至要加倍努力才能做好分内事情，关注其他人的工作对于职场人来说是一件"奢侈"的事，很少有人会这样做。然而，就是有一些人比别人更有心，他们在做好本职工作的同时，还会留心观察周围同事在做什么事、怎样做事，把不懂的事情都慢慢学起来。能够这样做的人，也是当之无愧的"潜力股"。

案例

某电脑销售公司在9月迎来了11位高校应届毕业生，经过一个半月的入职培训后，他们同时走上了工作岗位。他们所担负的任务，除了向客户进行简单的产品介绍和报价外，还要回答有关电脑操作和维修方面的专业问题，后面这项工作往往需要转交给专业技术人员来解答——所有的客服人员都是这样做的。然而，在这新加入的11名员工中，有一名叫张阳的人，他通过休息时间自学和向技术人员请教，快速掌握了公司产品的相关专业知识，能够在客户提出问题的第一时间进行解答，从而大大缩短了客户的等待时间，提高了咨询满意度。另外，每天的工作结束后，他都会及时进行总结，修正失误。正是因为如此用心对待工作，仅仅三个月后，他就迅速与同期加入的同事拉开了差距，将他们远远甩在了身后。入职第四个月，他被破格提升为部门经理。

在同样的条件下，能够自发学习和获得普通员工所不能掌握的专业技能，这样的人毫无疑问就是"潜力股"，更是管理者要特别加以重用的人才。

"潜力股"的第三个特征——隐藏的潜力或许在对的地方就能发挥巨大能量。有些"潜力股"的潜力隐藏得比较深，需要管理者仔细留心才能发现。比如，工作中有些人表现平庸，遇事态度也不积极，对本职工作缺乏足够的热情，上班对他们来说更像混日子；然而他们常常流露出对其他岗位的巨大兴趣，自己的工作像极了烫手山芋，但帮别人做起事来却毫不含糊，既认真又负责。遇到这样的员工，管理者先不要急着批评和纠正他，可以观察沟通，必要时换岗试用，也许能带来意外惊喜。

案例

某公司有一名企划人员叫刘达，工作时总是心不在焉，业绩处于中下等，还常常与同事发生摩擦。他是办公室出了名的"坐不住"的人，一有时间就往外跑，不是去抽烟，就是借口买烟。老板几次找他谈话，但效果总是不佳。

销售旺季到了，公司营销部一下子紧张起来，所有员工的非必要休假都取消了，但还是人手短缺。刘达得知这个消息两眼放光，自告奋勇说："让我去吧！"老板心想：自己的工作都做不好，顶别人的班就更别指望有成绩了。但考虑到人手不足，还是同意了。谁知，换岗后的刘达像变了一个人，每天天不亮就去自己的区域等候，午饭时间也不肯休息，随便吃个面包就又去做推广，直到天黑才回家。一个月下来，他的业绩竟然超过了三分之二的老销售员。老板大喜过望，原本已经有了辞退他的打算，这下立刻给他转岗，还破格让他空降做了小组长。

这种对本职工作没有热情、换岗就潜能爆发的例子在职场中并不少见，因为某些原因，一些有特定潜质的员工被安排在不合适的岗位上，工作条件和职能要求与他们的特长并不相配，工作内容更是难以引起他们的兴趣，一旦遇到合适的机会，进入更合适的岗位，才能得以发挥时，他们就会在新岗位上展现出惊人的工作能力。这是一类不易发觉的"潜力股"，需要管理者有十足的耐心、包容心和观察力。

职场就是现代的"新江湖"，而江湖中总是卧虎藏龙，管理者不必抱怨遇不到人才，只要有心发现、耐心栽培，团队中的每个人都可能是"潜力股"。

不翻旧账，原谅下属的过错

任何人都会犯错，再完美的员工在职业生涯中也会出现不止一次的失误，甚至做领导、做老板的也无法避免做错事。在面对犯错的员工时，不同的管理者往往有不同的态度：有的很快能谅解，让事情尽快过去；有的则抓住员工的错误不放，时不时就提一次，以示警醒。那么哪种处理方式对员工的成长更有利呢？显然，后一种翻旧账的做法是无法帮助员工成长的，甚至会对他们产生巨大的心理伤害。

管理者翻旧账的做法会大大伤害员工的自尊心和自信心，使他们对工作失去热情。员工犯错后，往往会在心理上进行自我反思，甚至对自我能力产生怀疑，这时他们需要的是鼓励，而并非指责。假如管理者一味地计较员工过去的错误，就会使他们更加担心再次犯错，从而对工作产生抗拒、惧怕的心理；同时，为了逃避指责，他们还会推卸责任，面对工作不敢站出来承担责任和后果。相信管理者不难发现这样一个现象：员工总是越骂越笨，越指责就越会出现"破罐破摔"的态度。

案例

赵文是一名活动策划专员，原本对工作游刃有余。这一年，她的家中发生变故，接连失去亲人使她备受打击，从而导致她的工作效率直线下降，不仅几次拖延交付方案，工作质量也大不如从前。老板得知情况，最初也对她加以安慰，但是没多久就失去了耐心，并会习惯性地在交待工作的时候叮嘱她"别再像上次一样了"，或者加上一句"再出现那样的情况我就再也不相信你了"。赵文几次想振奋精神，重新认真面对工作，但每次听到老板提起"上次"的事，就想到自己的错误和失败，她开始怀疑自己的工作能力，面对方案越来越不敢下笔，甚至一想到工作就害怕，原本对工作的信心变成了畏惧，工作效果也越来越差。

管理者提起员工从前的错误，多半是为了达到警示目的，希望员工能改正。但实际情况却是：管理者每多提起一次，员工就会多一分"我不行"的心理暗示，同时产生"我不值得被信任"的想法，久而久之对自身的能力产生怀疑。在抗拒和自卑心理的双重压迫下，自然是无法做好工作的。

也有一些管理者喜欢"杀鸡吓猴"的做法：对于一些犯错的员工，他们会不断在大家面前进行公开批评，甚至立为反面案例，长期在众人面前对其进行责骂，从而达到警示集体的目的。这种牺牲一个人、激励整个团队的做法是十分不可取的。管理者在职场中应当激发员工对工作的信心和进取心，而不是摧毁他们的自信，试图通过反复责骂、恐吓等方式让人服从只会得到负面的效果。

那么，面对犯错的员工，管理者应该如何对待呢？是否一次都不能批评呢？其实并非如此。管理者需要根据员工的不同性格以及犯错的不同情况，采取不同的应对方式。

第一，如果员工是初次犯错，那么尽量采用温和的方式对待。初次犯错时员工往往会产生较强的自责心理，这时就不应多加批评，而应将重点放在指导和培训方面，同时对员工加以鼓励，缓和他的紧张心态，使他不至于对工作失去信心。

如果员工多次犯错，且同样的错误居多，多半是工作态度出现了问题，这时管理者就应加以批评，使他端正工作态度。但需要注意的是，即使是屡屡犯错的员工，也要照顾其面子,尽量不在公开场合进行批评。

第二,对内向、容易自责的员工要少批评,多表达信任。这样的员工常常会进行自我批评,对他们来说更困难的不是反思错误,而是建立自信;同时,他们容易放大领导的负面评价,从而加重自我心理压力。因此,在这样的员工犯错后应尽量避免采用严厉的方式进行处理。

假如员工开朗外向,敢于和领导主动交流,那么在他们犯错时则可以稍加批评。需要注意的是,这时的批评也要以事件为主,不要对员工自身的能力进行打击,否则同样会挫伤他们的信心。

第三,不以错误大小为标准决定是否原谅下属。有些员工犯的错虽小,但如果是低级失误,且屡次出现,那么也不可轻易原谅。反过来也是同样的道理,有时员工不小心犯了大错,但如果属于无心之失,则可以适当放宽原则,加以谅解。

案例

德国一家公司的高级主管在一次失误中给公司造成了500万欧元的损失。他十分害怕,担心会被公司开除,甚至担心因此遭到同行业公司的排斥和拒绝。在担忧焦虑了一天后,事情却出现了大反转:公司高层决定将他调到另外一个重要职位上。他大吃一惊,问领导为什么这样做。领导只是笑着说:"让你离开固然不难,但这种惩罚的手段太过低级——你走了,岂不是浪费我们在你身上交的500万欧元学费?"这令人意外的激励方式让这位主管受到了巨大的鼓舞,他带着加倍的热情投入到新工作中。一年后,他凭借多年经验和不懈的努力为公司创造了远远超过500万欧元的价值。

高级的管理是激发员工的干劲、自信和热情,从这个角度出发,在大多数情况下,管理者应当谨慎使用批评的方式来管理下级,翻旧账则更是不可取的。多予以犯错员工鼓励和信任,他们往往会做出令人惊喜的改变。

第三章

合理构建团队：
人才效能最优化

　　企业要想生存，就要不断地与其他企业竞争，在行业中占据更多的主导权和话语权；闭门造车，不与其他企业竞争，最后的结果只可能是"灭亡"。因此，越来越多的企业管理者发现，要想参与市场竞争，人才是最重要的核心因素。天明集团有限公司创始人兼董事长姜明就发表过"所有竞争归根到底都是人才的竞争"的看法，可见人才的重要与关键。华为创始人任正非将这个观点做了升级，他表示："企业之间的竞争，归根到底是管理竞争。"核心依旧是人才，只是更加明确，表明了只有人才还不够，更重要的是将人才合理构建成为团队，使每个人的才能得到最大限度的发挥。

以目标为导向，统一步伐

有这样一个寓言故事：天鹅、虾和梭子鱼看到有一辆小车在大路上挡着，它们想把它移开。它们各自拉住车的一边，拼命用力拉着，但小车还是纹丝不动。其实这辆小车并不重，问题在于，它们并没有朝同一个方向使劲，天鹅拽着小车向上提，虾想把车拉到小路一旁，而梭子鱼则努力朝着池塘拉。结果就是，它们花了很多力气，小车还是停在大路上。

这个故事说明了一个道理：团队能做成事的原因不只在于人多力量大，而更是在于所有人都朝着共同的目标努力。反过来说，如果团队没有共同明确的目标和方向，每个人往自以为对的方向使劲，再有能力的员工也无法帮助团队做出业绩。由此可见，身为管理者，要想打造一支强有力的团队，确立目标是首要考虑的重要问题。只有向着同一个目标前进，你的员工才能步伐一致，从而产生凝聚力。

团队的领导者应根据什么标准确立目标呢？

首先，团队目标的确立要与公司的规划和利益保持一致。所有企业的创立都是为了创造市场价值，获得收益，只是各自赚钱的方式不一样而已。从这一原则出发，每个团队的目标就有了大方向。在目标制定过程中，每个管理者都必须注重企业的整体成果，遵循企业老板或高层领导的指挥，并符合管理者及其团队的期望目标，在此基础上为自己的团队和成员确立努力的方向。

其次，目标的制定要充分考虑团队整体的实际能力。所有的管理者都想带领团队做出过人的成绩，因此常常有"望员工成龙"的期待，从而将目标定得较高。这样的期待无可厚非，但过高的目标会导致失败率高，使员工产生负面的失败心理，对于团队来说是莫大的损害。

案例

某公司市场部空降一位牛经理，新官上任三把火，他带着满腔热情，重新调整了制度细节，召开了激励大会，制定了团队努力的目标——让市场部在两个月之内销售额翻倍。听到这个大跨步的目标，市场部员工不禁有点儿傻眼，这可是个巨大的挑战。但看着牛经理信心满满的样子，大家只好鼓足干劲，迎难而上。

两个月下来，大家拼尽全力也只把业绩提高了 1.3 倍，由于加班过度，每个人都疲惫不堪，整个部门怨言四起，甚至出现了大规模的消极怠工。牛经理这才明白自己制定的目标太高，已经超出了员工们的能力范围。

从牛经理首战失败的案例中我们可以得出这样的教训：目标不是越高越好，过高的目标反而会损害员工的热情，起到反作用。管理者在制定目标时要充分尊重员工的意愿，最好是与员工共同商议制定。这样不仅可以保证目标的可行性，还能让员工体验到参与感，培养他们的主人翁意识，从而更能将目标视为共同的愿景，为了它而努力奋斗。

最后，目标确立后，管理者要根据实际情况变化及时进行调整。目标是对事情的预判和期望，它常常与真实情况有所差距，有时甚至相去甚远，而一个较理想的目标则应当是依据实际情况设定却又比实际情况稍高的，因此根据事态的发展而及时调整目标是十分必要的。

案例

某玩具生产车间本季度的原定目标是生产一万八千件玩具，而到了第二个月月末时就已经有了将近一万五千件的成品，员工们眼看目标快要达成，且时间还很充裕，难免开始松懈，经常在上班时间溜出去喝茶、打牌。

车间张主任见状，经过一番考虑，便将季度目标调整到了两万两千件。为了让大家没有怨言，他还提高了第三个月的计件工资。有加薪作为驱动力，大家又热情地投入到了忙碌的工作中。

秘书小王不理解，他问张主任："我们现在没有紧急订单了，您为什么还要求提高产量呢？"

张主任说："工作状态一旦长时间松懈，人就会变懒，再想鼓起干劲需要花费不小的精力，与其如此，不如提高一点儿薪水，维持大家的工作动力。"

许多研究表明，目标的合理制定能激发员工的热情，大大提高工作效率。有效激励且能完成目标能将员工的注意力有效集中起来，增强团队的凝聚力和协作能力；稍难一些的目标还能锻炼人的意志，指导员工去取得那些看似不可能得到的成果。可见，要组建一个有方向、步伐一致的团队，合理的共同奋斗目标是必不可少的前提。

提高协作，避免形成"深井式"团队

企业管理中有一种叫"深井式"的组织架构，其特点是员工或团队只向上级负责，虽然个人、团队与领导沟通无阻，但各自为政，关联度低，主要以听差做事的方式完成工作。"深井式"的组织架构，更常见于传统企业管理之中，虽然也能保证工作顺利完成，但缺点是个人、各小团队之间信息闭塞，整体协作能力不强，凝聚力也较差。在一些特殊情况下，它的缺陷就会暴露无遗。

案例

1978年，美联航173号航班在降落前遇到了一个问题：飞机已经到达目的地上空，但起落架指示灯始终没有亮起。没有起落架指示灯的配合，飞机是无法落地的。机组成员各持己见，难以统一，最终也无法做出应急预案，驾驶员只好采取保守策略，在距离目标机场仅11公里的郊区上空盘旋，直到燃油耗尽后坠毁，造成惨案。

工作中常常会出现不确定性，紧急问题一旦发生，各员工或小团队之间在有互相了解和沟通的情况下，方能应对困难，化解危机。因此，管理者应打破下属之间的壁垒，加强员工之间的协作，打造既有分工又可灵活配合的团队。

如何加强员工之间的联系，避免"深井式"团队的形成呢？

第一，培养员工之间的信息共享意识，加强他们之间的信息沟通。有些管理者是"家长式"的领导，喜欢事无巨细地将一切工作安排妥当，再分别吩咐员工完成。这种做法除了会造成下属员工之间的交流不畅之外，还容易导致管理者操心太过、员工主动性下降的问题发生。提倡信息共享，加强员工之间的沟通和协调，就能增强团队架构上的灵活性，激发员工的积极性，同时将管理者从"家长式"的操劳中解放出来。

现代企业越来越推崇各部门、各小组及个人之间的信息共享。比如，由硅谷开始，全球都在逐步打造开放式办公室，从物理上打破阻隔，增加团队成员之间的沟通；再如，不少企业提倡在发送邮件时，对其他部门也进行抄送，确保各部门对于工作信息的知情，以应对不时之需。这些做法在团队管理上同样适用，值得管理者借鉴。

第二，打造团队文化，加强团队精神建设。要想员工之间达到高度的协作，加强彼此感情是十分必要的。一些传统的管理者信奉这样一个管理规则：员工之间最好以竞争关系为主，不宜产生较好的情感关系，只要确保每个人与管理者自身的关系亲密即可。实际上，这在情感上来说仍然是"深井式"管理，其弊端和隐患不可小觑。

案例

经典电视剧《潜伏》中有这样一段剧情：

军统天津站行动处处长李涯因为屡屡立功，又很会巴结站长，在站里大出风头。为此，情报处处长陆桥山对他嫉恨有加，两人逐渐产生嫌隙。站长虽然知道这件事，但对两个属下的互斗并不反感，只略微劝解几句，做了做表面文章，便任由他们相争。不久，陆桥山将得到的情报暗地里交给稽查队的陆队长，并把给李涯的情报改晚半个小时，导致李涯几次行动扑空，还和稽查队的人起了冲突，被打得满脸是伤。

同样的事情一再发生，李涯开始觉得奇怪，通过调查他知道了真相，气愤的他把此事告知了站长。站里高级军官吃里扒外，不仅给站里造成了损失，也使站长大失颜面。事情发展到这一步，站长才后悔当初没有好好调解两个部下之间的矛盾。

团队成员之间如果不能和睦相处，不但容易使工作遇到阻碍，而且相当于在团队中埋下了一颗不知何时便会爆炸的炸弹。可见，传统管理方式中这些不合理的地方应该加以改进，管理者一旦发现员工之间的矛盾，就应当及时介入处理，化解纠纷，打造愉快的工作氛围。

此外，如今企业组织各类团建活动，也是为了消除员工之间、上下级之间的陌生感，加强彼此的情感沟通，增进互信关系。这也值得管理者参考。工作之余，不妨在团队中多组织几次轻松愉快的活动，加深大家对彼此的了解，增进感情。

值得注意的是，信息共享并不意味着要把每个人都打造成"全能型员工"，也不代表可以打乱团队分工，随意安排工作。在信息共享的同时，每个人仍需保持自己的专业性，这样才能稳中求进步，进步中谋发展。

打造具备一流执行力的团队

执行力是将企业的战略目标通过实际行动转化为成果的关键，是实现利益化的最重要环节。对于企业或是企业中的小团队来说，没有足够强的执行力，再好的目标也只是空谈，没有实现的可能性。因此，打造具备一流执行力的团队，是每个管理者重中之重的任务。

执行力包含了工作的意愿、能力和强度，对于团队而言，执行力就是它的战斗力。然而很多管理者都无奈地发现，无论自己怎么努力，团队的战斗力始终提不起来，不是员工们没有足够的工作热情，就是大家看起来很努力，结果却是不尽如人意。那么，到底是什么在影响团队的执行力呢？管理者又如何提高团队的执行力呢？

执行力不强的首要原因，可能是没有制定合理、完善的执行计划。很多管理者会在分配任务时给员工制定目标，但有些管理者事先没有进行详细有效的规划，甚至没有规定合理的执行期限，这就给执行带来了麻烦，时间太紧或太长，都容易导致任务的失败。

案例

1958年，刚刚成立的美国国家航空航天局（NASA）制定了很多目标：探索大气层、拓展人类对太空现象的认知等。尽管当时的NASA已经掌握了不少达成这些目标的方法，但由于缺乏合理的时间规划以及具体步骤，几年过后，他们的研究成果依然没有取得大的进展。

直到1961年，时任美国总统肯尼迪在演讲中明确提出："我们要在20世纪60年代结束之前，将一个人送上月球并安全带回来。"这个有着明确时间节点的清晰目标，终于大幅推动了NASA的事业。它带着一种希望，激起了当时NASA工作人员的工作热情，在他们的努力下，阿姆斯特朗于1969年7月21日成功踏上月球，并安全返回地球。NASA终于完成了这项壮举，美国成为首个完成人类登月计划的国家。

现代职场中，有的管理者不强制规定完成工作的期限，最终导致员工作风懒散，久久不能完成任务。这样的"自由"管理，只会让员工的执行力变得越来越差，从而导致整个团队的落后。针对这样的现象，管理者应适当调整方式，在安排任务时给出具体完成期限，用这种方式推动员工制订计划，合理安排工作。当然，也有一些管理者给出的期限过于紧张，这同样会引起员工的焦虑情绪，从而影响工作效果，因此也应适当放宽。

其次，如果团队原来的执行力不错，却呈现出越来越弱的态势，那很有可能是奖励制度出了问题。每个人工作的首要目的是为了得到报酬，获得更好的物质生活，因此物质上的奖励可以说是执行力的一大原动力。这就是为什么每家企业在工资之外还会设置各种各样的奖励，以此不断激发员工工作的热情。那些完全没有奖励制度的团队员工的执行力会比有合理奖励制度的团队员工低，但这并不意味着奖励越多员工的执行力就越强，相反，奖励过多，员工的执行力反而会呈现下降的趋势。

心理学上，"德西效应"认为适度的奖励有利于巩固个体的内在动机，但过多的奖励却会降低个体对事情本身的兴趣，减弱其内在驱动力。

小故事

一位老人住在一个小山村里，他附近有一群顽皮的孩子，每天都会到他的屋前追逐打闹，吵得他无法休息。老人多次驱赶他们，甚至向他们下达"禁声令"，但一点儿效果也没有。后来，老人想出一个办法：他将吵闹的孩子聚集在一起，告诉他们，从现在开始要用力地在他屋子外面叫喊，谁叫的声音大，他就给谁奖励。孩子们十分兴奋，果然每天到他家屋前不停地大叫，老人也遵守承诺，按照他们声音的大小给了不同的奖励。

几天后，已经习惯靠喊声拿奖励的孩子们再来时，老人却开始逐渐减少奖励，最后无论孩子们怎么吵闹，他都不肯给任何奖励。孩子们很不高兴，觉得老人出尔反尔，就再也不愿去他屋前打闹。

这个故事告诉我们，奖励可以改变人的内在动机。在职场中它表现为：合理的奖励可以刺激员工的行动力，过多的奖励则会带来负面影响。也正因为如此，一些著名企业往往会坚守一套薪资和奖励制度，如IBM就有这样一句话：加薪非必然！在同类企业中，IBM的薪资既不是最高的，也不是最低的，然而他们却坚持一个理念：干得好加薪是必然的！

由此可见，提升团队的执行力是一门非常有讲究的学问，绝非简单的"有钱拿就有执行力"，它需要管理者认真研究，揣摩员工心理，不断总结经验教训，才能制定最合适的奖励制度，使员工发挥最大的潜力。

像园丁一样领导你的团队

在团队管理中你属于什么样的管理者呢？是带领员工向前冲的"英雄式"管理者，还是事无巨细安排好的"家长式"管理者？是完不成任务就要受罚的"严厉式"管理者，还是一切唯我独尊的"权威式"管理者？然而上述四种管理方式都有其缺陷，在现代企业中已经慢慢失去适用性，而管理界最新提倡的，是一种类似于"园丁式"的领导方法。

"园丁式"管理是由美国斯坦利·麦克里斯特尔提出的，其著作《赋能：打造应对不确定性的敏捷团队》中写道：无论你在企业中是什么层级，都要像园丁一样去领导团队。所谓"园丁式"管理，是指将重心放在缔造组织环境、维系组织氛围，为员工创造自由、充足的发展空间，这是现代领导者的两大任务和主要职责。那么"园丁式"管理主要包含了哪些具体内容，管理者又该怎样做呢？

众所周知，园丁的任务是负责细心栽培园内植物，给予充分的时间，静待它们开花结果。现代企业中，好的管理者也应充当这样的角色，为员工创造良好的工作氛围，给予他们施展能力的空间。传统的带头干、监工等管理方式之所以不再流行，是因为现代职场越来越反感压迫式的命令，特别是年轻一代的职场人，他们更喜欢通过发挥自主性来创造价值，即"给我一块地，让我自己折腾出个成绩来"。管理者应当顺从员工的意志，不要将自己的想法和习惯强加于他们。在充足的空间和充分的信任里，员工常常能做出令人意外的成绩。

案例

某IT公司的陈经理是位经验丰富的管理者，他手下带出过很多出色的程序员，大家都对他赞不绝口，很多离开这家公司的员工在提起他时依然充满感恩和敬佩。然而，他却并不是最勤奋的领导，相反还有点儿"懒"，他总是把任务布置好后就离开，让员工自行发挥。直到员工遇到解决不了的困难前来求助时，他才会干涉一下。神奇的是，他手下的员工并没有因此就消极偷懒，反而更加卖力地干活。当他们拿着做好的工作交给陈经理时，他总会流露出开心的神情，不住口地夸赞，而这正正给了员工莫大的动力。

有一回，公司新来了一个程序员小周。因为自己是新人，小周总担心工作做不好，遇到一点儿小事就去请教陈经理。陈经理见他十分紧张，就笑着对他说："只管放开手脚做，我相信你。万一出问题了，还有我呢！"

就是这一句话，让小周信心倍增，他很快就完成了工作，并在之后的工作中迅速成长，成为陈经理手下的得力员工。

这位陈经理是位聪明的管理者，他深知放手和信任的重要性，因而能够轻轻松松带好团队，更赢得了下属的敬佩。他的做法就是典型的"园丁式"管理，值得所有管理者学习。

不过，"园丁式"管理并不意味着完全撒手不管，任由员工自己行动，一旦这样做，团队就会像失于修整的花园一样，杂草丛生，败叶满地。合格的园丁会在旁边时刻观察园中动向，为员工提供一切必要条件和帮助，以确保他们最大限度地发挥光和热。

案例

何主管为人严厉，对下属要求严格，平时大家都有些怕他，工作起来也都小心翼翼，很多时候放不开手脚，更别提发挥创造力了。最近何主管学习了新式管理方法，决定使用西方管理者提倡的"园丁式"管理，给员工一片自由创造的空间。然而，他只学了皮毛，没有学到精髓，本意是想告诉大家放手去做，不要过多顾虑自己的意见，但话到嘴边却成了："这件事我只说一遍，你们去做就好，不要让我重复第二遍！"

大家听了这话更害怕了，即使有问题也不敢去问他。何主管发现，实施一段时间"园丁式"管理后，员工们的表现反而不如从前。他又找来资料翻阅，才发现自己曲解了其中意思。于是，他调整沟通方式，重新调整了自己在管理中的角色定位，每到员工有需要时，他总是耐心解答，提供指引。几个月下来，团队氛围活跃了很多，员工的积极性得到了前所未有的提高，好创意也多了起来。

"园丁式"管理的好处在于，它不是让员工处于紧张的工作情绪中，而是营造舒适的环境，从而让员工自然地、全身心地投入到工作中。

需要特别注意的是，一些管理者在学习过程中不得其法，将自己放得过低，甚至当成员工的"服务人员"，这种想法是有误的。园丁并非"仆人"，管理者仍旧是团队的核心人物，是掌握方向和大局的，所谓园丁，只是弱化领导身份，并非和员工互换位置。

从全局出发，以制度为重

每个企业都有自己的规章制度，俗话说"无规矩不成方圆"，制度就像一双无形的手，掌控着企业的大方向，决定着企业的发展命运，是企业赖以生存的基础。完善的制度可以保证企业各项事务有条不紊地进行，是企业在商界获得立足之地的前提和保障。假如一家公司制度涣散，那么一切工作和日常事务都将会陷入混乱之中，企业也难以长期存续。可见，严格遵守制度是一件多么重要的事。

在职场中，人情又是一个躲不开的环节。大多数人喜欢讲脸面、讲情分，但身为管理者，假如凡事都只想顾全面子，就会令制度失去其权威性，这对于公司发展来说是极其危险的。因此，管理者在面对实际状况时，就需要在二者之间小心权衡，应在不违反制度的前提下，尽量照顾员工的感受。但如果二者产生无法调解的冲突，那么则应当坚定地以制度先行，维护制度权威。

案例

20世纪70年代，日本伊藤洋货行董事长伊藤雅俊突然宣布将曾为公司做出巨大贡献的岸信一雄解雇，在日本商界引起轰动。岸信一雄原本就职于日本有名的东食公司，而当时的伊藤洋货刚刚转入食品界，在该行业并无经验，因此花费重金将岸信请来。岸信加入后，伊藤食品部很快就发展壮大，在市场上占据了重要的一席。

就在生意越做越大时，伊藤和岸信在经营理念和公司制度方面产生了巨大分歧，岸信思想较为新潮，对下属十分讲情义，遇事总是先照顾大家，再考虑制度；而伊藤却是传统保守派，他不像岸信那样喜好社交，在管理公司方面也总是严格遵照制度。他曾多次要求岸信改变管理风格，岸信却不以为然。

终于，两个人的矛盾到了不可调和的地步，伊藤辞退了岸信。消息一传出，在日本商界立刻掀起轩然大波，很多人都指责伊藤过河拆桥。伊藤却严肃地回应："我认可岸信先生对公司做出的巨大贡献，但制度是公司生存的根本，任何人都不能撼动！如果有人要挑战制度，那么不管付出多大代价，也要让他离开。"

事实证明，伊藤的决定是正确的，不久就有人指出，岸信一雄居功自傲，无视规章制度，排挤其他管理者。伊藤的决定，正是为了挽救整个公司而做的。

制度是公司发展的纲领，以制度为重，就是顾全公司大局，是不容置疑的正确决定。如果纵容藐视制度的人，那将会把公司推向万劫不复之地。

也有一些管理者，在管理过程中遇到员工违反制度的情况时，采取睁一只眼闭一只眼的态度，特别是面对一些看起来无伤大雅的违规操作时，他们常常敷衍了事，以顾全大家的面子。实际上，这种看似没什么大不了的纵容，也会削弱制度的威信，使它逐渐失去约束力。管理者要时刻牢记，制度对于公司来说就像军令之于军队，是铁一样不可改变的纪律。

案例

刘经理有一名助理小崔，工作能力强，平时表现很突出，唯一不足的是，他常常喜欢挑战公司制度的权威性。由于常常要接待客户，公司规定员工上班要穿正装，也不能留太长的头发。小崔却常常穿着阔腿裤上班，还在脑袋后面梳起一个小辫子。刘经理劝他剪掉辫子，他总是笑嘻嘻地说："刘老师，我已经中学毕业啦，您就别再操心这个了。"

不仅如此，公司每宣布一项新制度时，小崔也总是第一个提出反对意见。他抱怨公司过于限制员工自由，影响大家的工作心情。刘经理渐渐地发现，相比于不满公司的制度，小崔更在意的是维护个体自由。于是，他私下与小崔进行了两次深度交流，既表达了对小崔的认可，也耐心地向其解释公司制度的必要性，以及过分主张个体自由对员工业绩和收入的影响。几次推心置腹的交谈后，小崔终于理解，他不再质疑公司的规定，反而成了忠实的遵守者和维护者。

有些公司流传着这样一种不成文的规则："只要业绩好，在办公室想歪着躺着都可以，领导都会顺着你。"这句话背后的意思就是成绩大于一切，甚至超越公司的制度。而管理者这样做，就是典型地只关注到眼前、局部利益，没有考虑个别的特例会给整个团队带来怎样的负面影响。日本的很多知名企业都明确规定不招收熟人介绍来的人，更不允许管理者给任何人开特权，为的就是确保制度不受丝毫的侵犯。制度是公司的基石，假如不断有人推一把、晃一下，再牢固的地基也会渐渐松动。利益是一时的，发展才是长久的，管理者要严守制度，不让它与人情或业绩掺杂、混淆。

合理竞争是团队进步的加速剂

很多管理者都会遭遇这样的难题：团队带久了容易失去活力，大家虽然还是像以前一样干活，但既没了最初参加工作时的朝气，也丧失了进取的动力，整个团队暮气沉沉，更不要提刷新业绩、贡献创意了。为了改变这样的状况，很多管理者会考虑纳入新人，以激发员工的竞争意识，调动他们的积极性。然而在公司不缺人手的情况下，纳新势必会造成冗员，且随着新员工的资历变老，纳新的激励作用也就失去了效果。因此，更合理的方法是鼓励团队形成内部竞争，以这样的方式来激发员工的工作热情。

合理的竞争可以带给人适度压力，这种压力是激励人奋发向上的一剂良药。懂得让员工之间展开良性竞争，是每个管理者都要学习的管理秘诀。需要注意的是，无论什么样的团队，竞争方式和竞争意识必须是良性的，不能带有任何攻击和伤害性。下面几个技巧，可以引导员工展开良好的竞争模式。

第一，创造一套奖励机制。管理者可以设置物质奖励或名誉奖项，来表达对业绩突出员工的认可和奖赏。对于员工来说，这些奖励能大大增加他们的工作动力，引导他们展开竞争。需要注意的是，奖励不能太小，太小则无法引起员工兴趣；同样也不能太丰厚，否则很容易导致员工之间的恶性争斗。

案例

某工厂有15条生产线,生产同一种机器。最近,厂长遇到了一个问题,他发现每条生产线的产量总是在80台左右,比其他同类厂低15%,且这样的状况已经持续了将近两年。为了有所突破,他请来专家制定新的绩效考核标准。

厂长希望把月生产量提到100台,专家认为,一下子提高原产量的四分之一,恐怕员工们不愿接受,不如先提到90台,完成的班组可以拿到一部分额外奖金,这样大家都会乐于加快工作速度。

厂长表示认可。接着,他又提出一个问题:90台的任务量并不重,假如一段时间后,每个生产线都能达到,那么就要每月付给所有生产线一笔奖金,而每条生产线的产量也只提高了10台而已。

专家经过思考之后,又提出了导入奖励机制的办法:设置一个竞赛规则,每月从15条生产线中选出产量最高的前三名,分别给予不同额度的奖金;而假如前三名中有超过100台的,则额外再增加50%的奖励。

这套机制实施三个月后,员工一反磨洋工的常态,个个干劲十足,工厂效益显著提升。

这个案例给管理者指出了设置奖励制度的正确方向,奖励制度的设立必须有充分的事先考虑,不能朝令夕改,更不可出尔反尔。设置一套完善的、可以长期实行的奖励方案,才能真正起到引导竞争的作用。

第二,竞争的范围小一些,所起的效果更明显。

案例

随着天气变得越来越寒冷,某食品公司进入销售淡季,员工们似乎习惯了每年冬天订单少的状况,工作态度越来越消极。为了激发员工的工作热情,老板宣布从次月起增加一项奖金制度,奖励业绩第一名的员工。员工们听到消息先是一阵振奋,接着很快恢复了平静。原来,这家公司的销售部总共有二十人,二十分之一的机会太过渺茫,大家纷纷想:还不如像以前一样坐在办公室偷偷懒。

老板也很快意识到这一点疏漏，于是，他将奖励名额增加到三个，还另设了一个特别奖：奖励业绩虽然不在前三、但增长最快的员工。这样一来，每五个人中就有一个能拿到奖金。员工们对新方案十分兴奋，工作积极性也提高了很多。

奖励制度虽然只提升一小部分人的收入，但它的本质目的在于激励所有员工。因此，管理者不可过分吝惜奖励名额，要尽量让每个人都有参与感，设置在大多数员工能达到的高度，这样才能达到最佳的激励效果。如果团队人数较多，可以尝试将他们分组，每组设置奖励名额，以此提升员工的参与积极性。

第三，杜绝恶性竞争。少数员工为了拿到奖励，会使用排挤同事、向领导告密、抢单等恶性手段进行竞争，这是管理者必须明确禁止的，一旦不良行为形成风气，竞争就会变成团队发展的阻碍。有的管理者为了加强对员工的监管，常常对个别员工私下表达"如果某某表现不好，一定要告诉我"一类的言论，这无疑是对恶性竞争的纵容，不仅会增加员工之间的矛盾，更会导致团队不和。另外，当员工之间出现争抢业绩的情况时，管理者切不可漠视，应及时问明缘由，公正处理。

良性、适度的竞争是员工进步的加速剂，每个管理者都应当合理利用这一良药，推动团队前进。

第四章

以身作则：
管理者不可小觑的榜样力量

　　管理虽然"管"字当头，但它的精髓却不能用"管人"来全部概括。身为管理者，应当以"理"服人，而不是以"权"压人。那么如何做到以理服人呢？最有效的办法就是以身作则，把自己视为团队的领头羊。一个领头的人，只有先端正自身，才能带好团队。正如孔子所说："苟正其身矣，于从政乎何有？不能正其身，如正人何？"领导人要先修正自我，政事自然清明；如果连自身都无法摆正，那又如何匡正他人呢？治理国家如此，管理团队也同样如此。

想要什么样的员工，就做什么样的管理者

很多管理者，特别是刚刚升任管理职位的人，常常会以"管"为自己的工作使命，认为监管、命令是带团队的主要方法。然而一段时间后，他们往往会发现这样的管理效率很低，自己说得越多，员工越不爱听，他们的行为也越难以约束。这是因为无论职位高低，没有人希望自己是受人管制的，被管束得越严格，就越容易产生抵抗心理。结果就是，管理者越管越累，员工却越来越难带。

实际上，管理无须这般辛苦，想要什么样的员工，让自己先成为这样的管理者即可。古人带兵打仗，讲究"将军奋勇，三军用命"，将军的一句"跟我上"远比"给我冲"更有号召力。"跟我上"是一种身先士卒的精神，有着强大无比的表率作用；如今，管理界也有一句俗语——"喊破嗓子，不如做出样子"，说的也是同样的道理：表率作用有巨大的影响力。管理者榜样般的言传身教，会使员工产生由衷的敬佩之情，同时被激发出强烈的行动欲望。不论古今，那些能带好兵的管理者，无一不是亲力亲为、身先士卒的管理者。

案例

在深受广大观众喜爱的电视剧《亮剑》中，主人公李云龙就是一个每次打仗时都冲在最前面的将领。指战员们很担心他的安危，常常劝告甚至指责他，要他保护自身安全。李云龙却说："我是队伍的领头人，如果我不带头冲锋，战士们怎么会愿意全力作战呢？"在他的带领下，每个士兵都英勇作战，视死如归。

西汉名将李广，虽然战功卓著，但从不居功自傲，不但带兵打仗时身先士卒，生活中也没有半点架子。有几次，军中缺少粮食，士兵们都在忍饥挨饿，李广十分不忍，便拒绝食用送来的饭菜，和大家一起饿着。士兵们见状大受感动，全军上下没有一个人因为挨饿而抱怨，并肩渡过了难关。

很多管理者对员工的工作状态不满，为他们消极的态度和低迷的业绩而发愁。如果你的团队长时间出现这样的情况，不妨先检查一下自身是否也存在缺乏工作热情的问题。有的管理者在工作中动嘴不动手，甚至连属于自己的分内工作也交给员工去做，大多数时间不是闲坐就是外出聚餐娱乐，在这样的影响下，员工又怎么会有干劲呢？可见，管理者要想调动员工的积极性，就千万不能偷懒，只有自己先勤快起来，员工才能对工作产生信心，才愿意积极采取行动。

"上行下效"是一个神奇的管理秘诀，在很多地方都能发挥令人惊叹的效果。比如，很多公司在推出新制度时，员工往往会因为又增加了一项要遵守的规矩而不满，导致制度实行难。这时，假如管理者能从自身做起，那么很多时候甚至无需制度，也可以让员工主动效仿，且无怨言。

案例

一家公司卫生间的洗手池上总是布满污渍，虽然有少数员工在洗手后会主动清理，但大多数人的习惯都是用后离开，任由水渍、香皂沫留在台面上。时间一久，那些主动清理的人产生了不平衡心理，渐渐也不愿清理了，于是水池台面越来越脏。主管几次发邮件提醒，甚至在开会时对最不爱打扫的小白等人提出批评，问题却始终没有改善。

有一次，小白和王总同时在卫生间洗手，小白洗好后正打算像平常一样离开，却看见王总从台面下拿出一块抹布，对着水池认真清理起来，擦干台面后，他又将抹布洗干净，最后又清理一遍水池，才将抹布收起。这个举动令小白大受感触：连公司的一把手都认认真真地打扫水池，自己怎么能那么邋遢呢？从那之后，小白成了公司最爱干净的人，不但主动清理水池和个人工位，还常常督促同事。整个公司的卫生状况得到了很好的改善，洗手池脏乱的现象再也没有出现。

榜样的力量是无穷的，一个只说不做的管理者，他的口号和权威都是脆弱而没有说服力的，而让员工看到自己的亲身行动，则比喊千百句口号都有效。对于员工来说，做出榜样是一个管理者最大的魅力，管理者的行动能对他们产生超乎想象的鼓舞。在每个团队中，领头人都是跟随者学习和模仿的对象，他的一言一行、情绪变化都被员工看在眼里，并对员工的思想和行为产生潜移默化的影响。这就要求每位管理者要时刻注意约束自我言行，给员工做好表率，为他们指引一条勤奋、乐观、热情、积极的工作道路。

杜绝浮躁，脚踏实地做事

一些管理者常常会发出这样的抱怨：我的员工太浮躁了，做事不细心，态度不够认真，工作总是稀里糊涂就交上来，一定要我指出来错误才会改正；团队里大多数人都缺乏自我约束力，盯着的时候就认真工作，只要我一转身，他就开始刷购物网站、打开聊天软件闲聊，工作效率别提有多低了……的确，员工做事不认真、心浮气躁，会直接导致生产力下降，严重影响公司的利益，这是管理者乃至公司都必须要杜绝的问题。那么，为什么有的员工做事脚踏实地，而有些却心浮气躁呢？

员工做事浮躁，第一个原因可能是工作量太大、难度过高，或者管理者苛求完美。当工作压力过大时，人会产生焦虑、抗拒的心理，从而无法专心投入，而管理者过于苛刻的要求同样会导致员工逃避心理的产生。这时，人需要先克服心理上的障碍，才能专心做好工作，否则在这些负面情绪的影响下，工作效果就会大打折扣。这就提醒管理者，尽量要保持工作平稳展开，既不能贪多求快，也不能忽松忽紧。同时，管理者要保持轻松愉悦的心态，尽量以积极的态度面对工作。对于员工来说，管理者就是他们的主心骨，管理者的情绪就像员工的晴雨表，当员工面对一个凡事不急躁、不慌张、步伐稳重的管理者时，他们的情绪自然也会稳定下来，从而克服浮躁，踏踏实实开展工作。

不过，如果管理者自身就是一个做事浮躁的人，那么员工也会被其影响，形成同样的工作风气。因此，当你发现不知从哪一天起，办公室里总是人心不安，就要适当反思，是不是由于自己没有带好头。

案例

有一家刚成立的公司，老板秦洋三十岁出头，是个性格开朗、喜欢社交的人。虽然公司刚起步，但在大家的努力下很快就走上了正轨，订单源源不断。但随着生意渐趋稳定，秦洋就开始坐不住了，经常上午刚说好下午开选题会，结果朋友一个电话打来他就立刻跑出去玩；或者嘱咐大家要抓紧出活，一转身却回自己办公室打游戏。在他的影响下，员工们也变得越来越懒散，常常在工作时间刷八卦网站、聊天，还不到下午四点，就坐在椅子上空等下班。就这样持续了几个月，公司接到的订单日趋减少，没多久就倒闭了。

俗话说士气可鼓不可泄，要调动一个团队的积极氛围是件不容易的事，而要将一个人心涣散、一片浮躁之气的团队重新整顿成干劲十足的队伍更是难上加难。领头人的一个错误示范，就有可能让整个团队都跟着走偏。可见，管理者在工作场合要时刻表现出专业、敬业的态度，认真对待工作，不在该工作的时候懈怠，也不在该努力的时候偷懒。正如日本管理界所提倡的那样：要想让普通员工以十分的精力努力工作，管理人员就要拿出十二分的努力投入到工作当中。

第二个原因可能是员工对当前的工作不满意，或许认为自己的能力可以胜任更好的工作，或许不满足于当前的收入。这时，管理者就要仔细分析原因，如果确实存在待遇过低、薪水已经很久没有上调、工作岗位不合适等情况，应当及时做出改善。若考查后发现上述原因并不存在的话，那么就很可能是员工的心高气傲导致了他的浮躁。当然，每个人在漫长的职业生涯中都会有这样不甘心、不满足的时刻,这时管理者无须对其多加指责,不妨试着帮助员工调整心态。

案例

公司新来了一名视频设计刘晨晨,她是某著名美院毕业的大学生,在艺术方面很有鉴赏力,因此心气颇高,刚入职不久就常常抱怨薪水低、自己的才华被白白浪费了等等。这天,大家都在吃午饭,刘晨晨抱着手机聊了一会儿天,突然不满地嘟哝道:"还是我朋友运气好,她也刚毕业,可试用期就能拿八千,转正后就是一万二。再看看我,跟她同样的学历,转正才勉强赶上人家的试用期工资,真是不想干了……"老板刚好从刘晨晨背后走过,把她的话听得一清二楚。

这天下午,老板安排刘晨晨和一位有六年设计经验的老员工坐在一起,并私下对她说:"按照公司规定,我不应该告诉你其他员工的工资数额,但是我看着现在的你,就像当年的自己,还不知道职场深浅,就满腔怨气。据我了解,视频设计拿高薪的很多,但他们的作品是物有所值的,相信你朋友所在的公司也不例外。你邻座的设计师薪水是你的两倍,希望你能从他身上看到自己的不足。我很乐意有一天也开出两倍的薪水给你。"

几天的观察之后,刘晨晨被老员工的作品惊呆了,他不仅创意高出自己许多,出活的速度也是自己远远比不上的。从此之后,刘晨晨再也没有发出抱怨的声音了,而是把所有的时间都用在了努力钻研工作上。

无论是刚走出象牙塔的学生,还是打拼多年的职场老手,都有可能出现浮躁期。为了不影响工作和团队的氛围,管理者需要及时加以关注,了解背后原因,帮助员工尽快调整自己的心态,走出浮躁期,重新找到定位,以全新的状态投入到工作当中。

注重实效,不做表面文章

如果要问这样一个问题:你的团队工作效率高吗?相信很多管理者都会无奈地摇摇

头，给出否定的答案。在这些管理者看来，无论用什么办法，想要提高团队的工作效率简直是一件难于上天的事。也有管理者直言："为了让大家效率高一点儿，我是好话坏话说尽，又奖励又批评，还设了不少规定，加班加点盯着他们，但结果还是跟原来没多大差别。"如果你也有同样的问题，那么下面的建议也许可以为你提供解决方案。

很多公司员工的工作状态看起来积极向上、热情满满，大家都工作得很投入，一天下来员工们也的确很辛苦，但实际的工作成果却不多，并且很难有大幅度提升。当团队遇到这样的困境时，很有可能是公司的管理者把力气用在了错误的地方，做了太多无用功，从而导致大家干得多、成果少。

案例

一家公司以工作态度不端正为由辞退了一名员工，员工一气之下将公司告到劳动仲裁部门，并对仲裁部门的工作人员哭诉自己如何努力工作、表现多么优秀，控诉企业的无情和无理。劳动仲裁部门立刻着手展开调查，发现该员工在每年的绩效考核、日常审核中都得到了优秀的评价，但通过对工资条、签到软件和周围同事的调查也得知，这名员工实际的工作态度确实很差，不但经常迟到、早退，业绩也总是排在后几名。

最后，劳动仲裁部门裁定，这名员工被解雇并不违反劳动法，公司无须赔偿。经过这次事件，这家公司的高层管理人员发现了过多花费时间、精力统计绩效考核和日常审核的无用性。辞退事件平息后，他们立刻作废了无用的审核流程。

这个案例很好地反映了不少公司存在的一大问题：花费过多的时间做表面文章。虽然绩效考核十分重要，是每个公司必不可少的环节，但一些公司花费过多的精力来制定制度与标准，但到了最后实施阶段却因为种种原因成了"走形式""做表面文章"，考核制度写得满满的，却不具备任何参考价值。对于类似这种"做样子"的工作，管理者一定要对它们进行简化，使其既方便操作，又不占用员工太多精力。

除了工作方法，管理者在职场的为人、行事风格也决定着他将带出怎样的团队。有些管理者好面子，做事说话都很注重形式、讲究排场，久而久之，员工也会形成这样的做事习惯，更多关注领导、同事对自己的看法，而不是将精力放在工作上，这同样会导致假忙碌、空忙碌的现象发生。

再者，假如管理者总是流露出对"表面文章"的欣赏之情，比如经常夸赞某位员工说话好听、会溜须拍马，那么在其他员工眼中就会留下这样一个既定印象，大家也会纷纷学着被夸赞同事的样子，对领导溜须拍马。当大家将精力放在这些表面功夫上，想要做好工作自然就难了。因此，管理者夸人也要有技巧，多夸奖下属努力、细心、踏实的一面，大家就都会朝着实干的方向前进。

案例

电视剧《岁月》中讲述了这样一个故事：卫生局的闻局长带着小梁和小吴到各县药材市场审查药材质量。他们来到其中一个县时，小吴偷偷对小梁说："这是闻局长的老家，咱们查的时候要那个一点儿……"说完还对小梁挤了个眼色。小梁明白，他是让自己"放点儿水"。

这天晚上吃饭时，闻局长问到今天的检查结果，在场的还有该县几名领导。小吴为了不让局长和领导尴尬，立刻抢着说："药材不错，没有发现质量差的。"

小梁却当场提出了反对意见，把检查的真实结果说了出来。小吴原以为闻局长会批评小梁，没想到，闻局长却对着自己训斥一通，并表扬了小梁。

在这个求真、求实的局长的带领下，药材检查工作顺利完成，最终也得到了最真实的审查结果。

正如古代清明君主身边少佞臣而多功臣一样，注重实干的领导者身边也会聚集一群注重实效、踏实、专注工作的员工。要想提高员工的工作效率，增加团队的业绩，就要减少与工作不相关的琐事，不搞太多可有可无的拓展活动，在工作时间尽量不以杂事打扰员工，给他们足够的时间和空间专心做好工作。同样地，管理者也要沉下心来，专注属于自己的任务，为员工做出良好的示范，带给他们积极、正面的影响。

积极主动，勇于担当

在一个团队中，管理者不仅拥有管理员工的权力，还必须承担相应的责任，权力与责任是管理者的两面，不可分割。一些管理者，特别是刚刚通过努力升职到管理层的人，容易产生高他人一等的优越感，眼睛里看到的更多是权力，而往往会忽略责任。实际上，正是因为一个人能承担的比别人更多，所以才能被赋予权力，成为管理者。正如美国作家赫罗德·约翰逊所说："上天从没有赋予一个人任何权力，若非让他肩负相对的责任。"法国作家雨果进一步指出："我们的地位向上升，我们的责任心就要逐步加重。升得越高，责任越重。"可见，对于一个优秀的管理人员来说，当占据了高处的位置时，最先应该考虑的不是权力，而恰恰是责任。换句话说，是否勇于担当责任、能够承担多大的担子，是区别普通员工与管理者的关键因素。

那么管理者都有哪些责任呢？除了分配任务、协调团队、监督和验收工作等明确职责以外，管理者还有如下一些必须要承担、却又常常忽略的责任。

第一，管理者要承担起教育、引导员工的责任。员工在职场之中要接受各种各样的教育、培训和引导，才能不断成长，其中一部分需要通过个人观察和学习完成，另一部分则需由公司主动承担。每个公司都会花费大量时间和财力对员工进行培训和教育，比如开设专业技能培训课程，定时或不定时请讲师到公司进行演讲培训。另外，每个员工还会接受来自上级管理者的教育，即使管理者从未开设课程，也从不把与员工的日常交流当作教育，但他们的一言一行或与员工的日常相处，无一不是在对员工持续不断地进行教育。在一个团队中，员工的工作状态、处事方式、待人接物的态度，很大程度上受到与他们朝夕相处的领导的影响。无论管理者是否有意识，他们都在潜移默化地影响着下属。这也同时给管理者们提出了一个要求，那就是要对教育职责有一定的意识，抓住一切可以利用的机会启发和引导员工。

案例

某公司请来一位讲师，开设了一门提升工作积极性的课程，让员工们接受了近两周的培训。在最后的总结大会上,讲师请每位员工到台上分享学到的经验。其中一位员工在上台时,不小心将茶水洒在了地板上,她看了看满座的领导和同事,决定先进行分享。等到她完成经验分享时,茶水已经弄湿了一大片地面。这位员工觉得难以收拾,便走到门外大声呼喊保洁人员。

这时,令人意外的事情发生了,就在大家都"静观其变"的时候,公司的一把手站了起来,从身上掏出纸巾,蹲在地上擦拭起来。台下坐着的管理者和员工们顿时变了脸色,前排的几个人立刻围上去,抢着把茶水渍擦干净。

会后,大家不无感慨地说:"今天老总给我们上了最震撼的一课,两周的'积极性'培训,都不如这一分钟来得更有用啊!堂堂老总竟然能抢着做保洁员的工作,我们还有什么理由不主动、不积极呢?"

第二,管理者要主动承担脏活、累活。一些管理者认为,做管理最大的好处就是可以从累人的"搬砖"工作中解脱出来,不用再做脏活、累活了。事实恰恰相反,当团队中出现无人愿做的工作时,管理者不能强制性地将其指派给哪名员工,而是要自己迎难而上,亲自解决,用这样的责任感和执行力感染下属。

[案例]

有这样一个设计团队,大家平日里工作都算得上努力,但不知什么时候开始,一股遇事推脱的风气开始冒头,面对一些不好相处的甲方或者难度大的项目时,每个人都习惯性找借口推辞,而只选择那些看起来更轻松的工作。

这天,眼看还有一个小时就下班了,公司突然接到一个加急的项目,需要两个人加班四个小时左右完成。姜主管走出来,询问谁愿意留下。小胡抢先说道:"主管,您早说就好了,我和朋友说好下班去踢球,场地费已经交了。"

小张跟着说:"我和女朋友约好今天去她父母家吃晚饭,现在两位老人应该在准备饭菜了。"

姜主管又看向女员工小马,小马连连摆手说:"主管,我得赶回家给孩子做饭,孩子他爸出差了，家里没人。"

……

整个办公室没有一人愿意留下，姜主管没有再说什么，只是当着大家的面打了一个电话，告诉老婆今晚自己留在公司加班。大家怀着忐忑的心情回了家。

第二天，当姜主管满眼血丝地开早会时，大家心里都非常不是滋味。

后来，这个团队的风气又悄悄改变了，大家面对棘手项目时不再找借口推脱，而更愿意抱着试试看的心态积极承担。

所谓领导对下属的影响力大抵如此。案例中姜主管的高明之处在于，当团队所有人都退缩、逃避时，他没有强迫任何人接受，更没有采取批评的方式教育他们，而是用自己的行动向他们展示了什么是担当，最终成功感染了他们，也改变了他们的工作态度。可见，做了领导并不代表可以远离劳累，有时主动承担一些别人不愿意干的活，反而能带动整个团队的干劲。

一名优秀的管理者总能为事情负起责任，而不会把问题传给别人。美国前总统杜鲁门曾在自己的办公室门口挂了一条醒目的警语，上面写着："责任到此结束，不再传给他人。"对于每个管理者来说，这句话都是最好的座右铭。

帮下属承担错误是一种智慧

在影视剧中常常会看到这样的桥段：某位领导出现失误时，总会找一位下属为自己背锅，从而使自己在大领导面前保住面子。有人将这称为职场的"潜规则"，甚至一部分管理者和员工也对此深信不疑，并将它贯彻在自己的职业生涯中。真实情况果真如此吗？实际上，合格的管理者绝不会让员工背锅，怀有这种想法的人，一定无法成为真正的领导者。

在企业中，管理者不但不能把自己的责任推给下属，有时连下属的错误也要主动揽在自己身上。这是因为，在工作过程中出现错误是无法避免的，大部分错误发生后，最重要的是改正错误，让工作持续进行下去，而不是追究由谁来承担责任。管理者主动承担错误是结束事情最快的方法,而一定要让员工承担则往往会付出更大的代价。

【案例】

索尼公司创始人盛田昭夫曾对下属说:"做工作要放开手脚,不要怕犯错误,有了错误即时调整就好。比犯错更可怕的是推诿,领导推给下属,下属再推给同事,既浪费时间又容易让公司形成坏风气。"盛田对下属的错误非常包容,遇到问题从不过分追究责任,而更看重解决办法。

有一次,一个经理人向盛田抱怨:"有时工作出了差错,但找不出是谁的问题,真是太难办了。"

盛田却说:"这一点儿都不难办,也不是坏事,如果真的找出是谁的责任了,可能会有更多的人受影响。工作中大部分错误都不会撼动公司,如果一定要揪出犯错的员工,将其公之于众,他的升迁就没有指望了,那么他必然会一蹶不振,从此失去工作热情。不如不予追究,他反而会更加努力地为公司作贡献。让部下承担错误是我看不起的做法,身为管理者,要能担得起责任,无论是谁的错,管理人员都应该从自己身上找问题。"

香港首富李嘉诚曾说:"下属的错就是领导的错。"当工作上出现错误时,与其一味追责,打击犯错的员工,不如把责任揽在自己身上,带头检讨,反而能让下属尽快从失败的阴影中走出来,重新投入工作中,方能最大限度减少损失。

【案例】

年底到了,财务部开始了紧张的年度审核工作,但一名员工忙中出乱,弄错了一组数据,导致整个部门要增加一周的工作量。牵涉其中的许主管被财务经理叫到办公室,足足训斥了半个小时。最后,财务经理问:"是哪个环节出了问题,查清楚没有?"

许主管却只说了一句:"都是我的检查工作没有做到位,错全在我一个人。"

经理见状没再说什么,只让他尽快补救。

回到自己的办公室后,许主管叫来手下六名员工,对他们说:"刚刚你们应该都听到了，经理发了很大的火，但是你们不要担心，错误我一个人揽下了，经理不会责怪你们。现在大家要做的，就是团结一心，想办法以最快的速度弥补过失，不要因为我们组耽误整个部门的审查进度。"

那位犯错误的员工正因为害怕而紧张不已，听到这番话，不禁既感动又惭愧。而另外几名员工原本在抱怨工作量无端增加，但看到主管一人挑起责任，也不好意思再有怨言。

最终，几个人加班加点，赶在审核最后阶段完成了任务。

主动承担责任的管理者，不仅不会减少自身威望，反而更能赢得下属的尊重，增强整个团队的凝聚力，同时也会在上级领导眼中留下一个有担当、有胸怀的优秀管理者的印象。试想，假如面对财务经理的询问，这个主管把犯错的员工推到前面，把自己撇得一干二净，不但得不到经理的谅解，反而会留下缺乏担当、遇事逃避的印象。这世上有的人总是努力辩解，有的人则在勇敢承担。管理者一定要尽量少争辩，遇到问题时，先自问有没有尽到监管的责任。美国著名管理顾问史蒂文·布朗的话值得牢记："管理者如果想发挥管理效能，必须勇于承担责任。"

有些管理者为了让员工做好工作，会对他们说"这事交给你了，搞砸了你要负全责"或"错误是你犯的，你自己去解决"之类的警示。这样的话听起来很有分量，但对于员工来说却是巨大的压力，不但会增加他们的犯错率，更会使他们在犯错后陷入担惊受怕的情绪之中。如此一来，员工表现越来越差，管理者自然也无法完成整体工作。

大胆承担错误，无论它是自己的还是员工的。当员工面对工作畏缩不前时，不妨告诉他们："去发挥你的才能吧，出了错误由我来扛。"

低调做人，谦逊处事

企业中有这样一类管理者，他们才华过人，办事能力也很强，能将上级交待的任务圆满完成，团队也管理得井井有条，然而却始终不能得到大家的认可，不仅团队员工总是与其保持距离，就连其他管理人员也不愿和他们共事。如果你也有这样的困惑，那么就应该反思一下自己的言行,检讨是否存在为人处事过于高调的问题。

人在事业一帆风顺、位置越走越高时,很容易产生优越感,从而导致言行不自觉地张扬起来,这是十分正常的心理变化。即使是站在顶端的成功人士,随着名和权的到来也难免滋长骄傲心态。但是,聪明的人不会让自己长时间被优越感左右,因为人一旦得意则会忘形,一来容易招致失败,二来则会导致身边人对自己印象的直线下降。企业中的管理者也不例外,每次的晋升都伴随着成功的喜悦,这无可厚非,但喜悦过后,要提醒自己沉淀情绪、低调行事。

案例

自从由主管正式升任经理后,涂刚的心态产生了不小的变化。两年之内连升两级,他开始觉得自己确实像大家口中夸赞的一样:能力非凡,注定是做大领导的人物。以前做主管时,他还常常和员工们在下班后一起参加娱乐活动,工作时也会抽空开开玩笑,活跃办公室气氛,他那时觉得自己还是一名普通员工,和下属之间没什么距离。但现在,他认为应该以一个高层管理者的身份要求自己了。于是,他不再和员工们说笑,交流工作时也多了几分严肃。就连有一天他走进办公室,大家纷纷站起来致意,他也没有拒绝。从那天之后,员工们每天早上都会站起来向他打招呼。

不过,涂刚很快就发现了高处的"寒冷",下属们不再叫他参加娱乐活动,中午用餐也会小心地避开他,就连交待工作的流程也能省则省。他不但明显感觉到了孤单,也感到工作中多了诸多不便。

涂刚静下心来仔细考量后,认为必须要做出改变。他禁止了大家的"起立致敬",在用餐时间主动加入大家,和员工们吃同样的盒饭,跟大家聊天时也更加"接地气"。虽然上下级的天然隔阂依然存在,但涂刚明显感觉到情况大有改善,工作也较之前便利了许多。

在职场中,一切不能为工作带来便利的高调都是虚假的高调。一个追求形式、作风张扬的管理者,不但无法得到其他人的真正尊重,还会造成与下属之间交流不畅,直接影响工作。我们常听说，一个人爬得越高，往往越谦逊，那是因为他们更加懂得低调的必要性，明白低调行事是维系与他人关系的法宝。

除了上面案例中值得借鉴的方法外，管理者还应约束自己在以下方面的言行。

第一，在团队中虽然是头，但不要总以老大自居。人之所以变得高调，除了地位的改变外，还有一大原因是过高地评估自己而低估了别人，因此要多倾听他人的想法，了解自己的不足。管理者在团队中要少发言，特别是不要以教训、教育的口气说话，管理者气势越强，员工就越不敢表达自己的想法。

另外，在倾听他人的想法时，尽量控制自己，不挑对方的毛病，多给予肯定的回复。生活中有一类人，自认为高别人一等，对别人的话总是嗤之以鼻，其实这恰恰反映了他们的短浅和自大。

第二，不过分在意虚名和形式感。有的管理者过分看重虚名，喜欢摆领导派头，在工作中喜欢搞形式主义，孰不知，表面功夫做得越多，所受的非议也越多；越在意外在形式，能办的实事也就越少。

案例

本田汽车创始人本田宗一郎是享有世界盛誉的实干型企业家，取得的成绩远非常人所能比，但他在晚年时却说："'本田技研工业公司'和'本田技术研究所'这两家公司都是用我的姓命名的，这是我一生最后悔的事，至今仍觉得无比遗憾。"

本田为什么会有这样的念头呢？他解释说，他一直认为公司是大众的公司，是天下人的"公器"，而不只是他一人的公司，冠以个人的姓氏十分有违自己的经营哲学。用自己的姓氏做公司名字，很容易让人把他当作一个独裁经营者，把公司看成他的家族企业。事实上，他从未让自己的儿子或亲戚进入公司，而在他之后继任社长的两人，没有一个是姓本田的。

有一次，铃鹿市长提出要把铃鹿市改名为"本田市"，理由是本田技研在铃鹿的工厂几乎养活了全市的市民。这个提议被本田拒绝了。他明确表示，自己已经因为公司的取名而后悔莫及，不会再犯第二次错误，否则死后也无法安眠。

看淡名利,不追求虚假的荣誉——正是因为有这样清晰的认知与自控,本田才能从一个贫寒子弟成为日本的"经营四圣"之一。

可见,无论位置多高、权力多大,低调和谦逊是永远不会过时的品质,值得管理者终生铭记。

把不怕失败的勇气传递给员工

在为理想打拼的道路上,不是每个团队都能成功的,几乎所有的团队都会遭遇失败,这些失败有大有小,有个人的挫败,也有整个团体的失利。面对失败的打击,有的人能很快站起来予以反击;而有的人则一蹶不振,永远地倒下去。那些被我们所熟知、站在成就之峰的企业,毫无疑问都来自前者的阵营。管理者只有打造一个不怕失败的团队,才有可能成就一番事业。

想要带出不怕失败的团队,管理者首先要在面对失败时做到不惧怕、不气馁。在遭遇困难时,队伍中领头人的反应往往比事件本身更能影响团队成员。当然,失败的滋味并不好受,会让人觉得面上无光,同时产生一定程度的自我怀疑。即便是拥有很多资源、尝到过许多次成功滋味的强者也同样不会喜欢挫败感。不过,在失败面前能够快速摆脱负面情绪是非常必要的,也是每个管理者应当训练的能力。管理者迅速调整好自己的心态,才能把失败的负面影响降到最低,让团队重新树立信心,进入新一轮的努力。美国亿万富翁、两届总统候选人罗斯·佩罗就曾说:"失败就像膝盖擦破皮——表皮确实很痛,但很快就会好的。"

案例

被誉为"用第三颗苹果改变了世界"的史蒂夫·乔布斯就曾经历过无数次失败,甚至可以说刚出生就遭遇了不幸——被亲生父母抛弃。而他之所以能取得世界瞩目的成就,据他自己对撰写《史蒂夫·乔布斯传》的沃尔特·艾萨克森所说:"这全部得益于养父告诉我的两句话,它们使我一生都不曾畏惧困难。"

乔布斯告诉艾萨克森，他小时候非常喜欢放风筝，常常和邻居家的孩子比赛谁放得更高。但遗憾的是，他用尽所有力气也从没赢过一次。有一天，在他又一次比输后，他沮丧地回到家，把风筝扔到墙角，决定再也不放了。他的养父问明情况后，对他说："乔，你永远不能认为自己的失败是应该的，从而放弃尝试。无论做什么事，你都要在心里有两个问号。第一个问号：为什么别人不能比你飞得高、比你更成功？这个世界很大，比你强大的人太多了，你只有敢于认输，保持一颗平常心，才能拥有积极的态度，也许有一天你就能超越他们。第二个问号：是什么原因导致了我的失败？就拿放风筝来说，是因为你的线比别人短，还是你跑得不够快？找到了问题，就能找到解决方法，最终转败为胜。"

乔布斯养父的话给每一位管理者指明了面对失败的正确心态和思考方法，当你发现自己因为失败而出现负面情绪时，不妨问问自己：每件事情都有成和败两个结果，为什么我只能接受成功，不能忍受失败？一旦情绪平复下来，便可以冷静地分析失败的原因，寻找解决办法。同样地，当员工面对失败无法释怀时，管理者也可以将这"两个问号"讲给他听，帮助他正视成败，调整心态，再次出发。

管理者还可以通过另一种方式锻炼员工的抗压能力，那就是多多分享"失败的经验"。一些管理者为了培养员工的干劲，经常向他们分享名人的成功案例，这些鸡血式的精神鼓舞法虽然能短暂提升员工的热情，但其负面影响很快就会显现出来：员工被成功励志例子搅得心浮气躁，急于求成，短期内看不到收效便会放弃，一旦遭遇失败则更难以接受。可见，一味宣讲他人的成功事例并不是长久之策。

| 案例 |

日本很多企业的管理者喜欢听他人的"失败谈"，再讲给自己的员工听。他们不喜欢听别人讲述成功史，这并非出于嫉妒心理，而是因为成功是很多因素的结果，其中也包含了一定程度的偶然性，他人的成功对自己不一定有帮助。然而别人失败的事情以及为何失败，却对每家企业都有很好的指导意义，因此是他们津津乐道的"新闻"。

日本管理人员认为，一个没有经历过失败的人是很可怜的，因为他们没有任何失败经验的积累，而人都是在失败中记住教训，从而积累做事的方式、方法，获得长期成功的。

"失败是成功之母"，这是一句很老却永远不会过时的话。每一位管理者都应锻炼自己对抗失败的能力，同时着意打磨团队的抗压性，使大家都能够不怕困难，不畏失败，永远保有"再来一次"的勇气。

第五章

抓住员工的心：
做会说话、会办事的管理者

管理者的工作是每天与人打交道，这决定着他必须接触各种不同性格的人，了解每个人的所思所想，并帮助他们解决工作中出现的问题。要打理好复杂的职场人际关系，管理好下属，就要不断修炼为人处世的本领，把话说到员工心里，把事情做到让大家都满意，这是每个管理者每天都要学习和面对的功课。

倾听员工心声，保持良好沟通

管理者要想带好团队，第一步就是保证与员工之间的良好沟通，只有做到高效沟通，才能了解员工所想，并把自己的想法准确无误地传递给对方，使得工作可以畅通无阻地进行。而保持良好沟通的第一步，则是学会倾听员工的心声，这就是管理学中著名的"威尔德定理"，它由英国管理学家L. 威尔德提出，他认为："人际沟通始于聆听，终于回答。"也就是说只有当你打开耳朵倾听对方时，你们的沟通才是有效的沟通。

案例

本田汽车创始人本田宗一郎在其自传中记录了这样一件事：

美国人罗伯特是本田公司的一位高级人才。有一次，他拿着自己花费一整年时间设计的新车型来到本田办公室，兴奋地向他介绍："老板，您看，这个车型真的很棒，上市后一定会受到消费者的欢迎……"

这时的本田正在休息，他一边闭目养神，一边听罗伯特介绍。罗伯特说了几句后，看了看本田，收起了设计图纸。本田觉得不对劲，连忙抬起头，想叫他回来，可是罗伯特连头也没回，走出了本田的办公室。

第二天，本田想要为昨天的事情道歉，便邀请罗伯特来详谈。可是罗伯特见到他的第一句话就是："尊敬的本田先生，多谢您这两年来的关照，我已经买好了返回美国的机票。"

本田十分诧异，问："这是为什么？"

"我离开的原因是您昨天从头到尾都没有在听我讲话。我为这个设计花费了大量心血，您却毫不在意。所以我决定离开。"

无论本田怎么挽留，罗伯特最终还是离开了日本。回到美国后，罗伯特进入了福特公司，他的设计受到福特高层领导的重视，福特很快就按图纸做出了新款车。果然，新车型上市后，销量很好。本田的销量也因此间接受到了影响。

通过这件事，本田领悟到倾听员工心声的重要性，从此他再也没犯过同样的失误。

每个人都渴望自己的表达被别人认真倾听，在领导面前的员工就更是如此。倾听代表着对员工的尊重和重视，也表示管理者愿意了解和认同员工的心理感受，这对员工来说是莫大的精神鼓励。同时，倾听员工心声可以保证工作顺畅、高效地进行，是增强团队凝聚力和提高员工积极性的有效办法。一个成功的管理者必然是一个懂得倾听员工心声的人。

不过，并不是所有员工都能积极、主动地向管理者倾诉心声，大部分员工在面对管理者时都比较含蓄，胆小内向的甚至不敢表达自己的真实想法，这时，管理者就要用友善的态度引导员工表达自我。

第一，多给予员工微笑。微笑是展示善意最快的方法，管理者通过微笑可以快速缩短与员工之间的距离，使员工从紧张的情绪中放松下来，更加轻松地与管理者交流。卡耐基曾从"效费比"出发，提醒企业管理者要对员工保持微笑，他说："微笑，它花费不了什么，却能创造许多成果。它使接受的人感受到内心的丰盈，而又不使给予的人变得贫瘠。它产生在一刹那间，却给人留下永恒的记忆。"卡耐基认为，每个企业家都在追求"效费比"，而微笑就是"效费比"最高的东西。

一些管理者为了维护自己的权威，在工作中很少微笑，更多的时候是"面若冰霜"，结果就是原本在权力上已处弱势的员工会更加畏惧领导，从而对管理者敬而远之。

第二，在倾听员工心声时，多给予赞赏和肯定。员工在和领导交流时往往很在意他们的反馈，以及由此对自己形成的印象和评价，生怕说错一句话就会引起领导的不满。假如管理者总是对员工的表达持否定态度，就会大大打击员工的积极性，降低其表达欲。

案例

徐明是一家商贸公司的经理，该公司有一个规定：每周五早会上做一周工作总结。先是员工进行工作报告，谈谈自己对工作的看法，然后徐明作评价和总结。为了显示自己的高明，徐明几乎对每个员工的报告都会挑一些毛病，指责这里有不足、那里有缺陷。面对领导这种"鸡蛋里挑骨头"的行为，渐渐地，员工们不敢在报告中说实话，更不敢对领导提意见，反而只说一些工作中好的现象，以及自己做得好的方面。一段时间后，徐明反而发现工作中很多问题都没有得到解决，漏洞越积越多，接连几个项目都受到了影响。

后来，徐明反思了自己在表达上的问题，改变了和员工交流的方式，学着以极大的耐心倾听员工的发言，并试着将关注点放在员工做得好的方面，尽量不用"不行""错了""不对"等词评价，而多说"提得好""非常赞同""太棒了"等激励的话语。在他的态度转变下，会议上的发言气氛越来越活跃，工作中的问题也逐一得到妥善解决。

另外，用心倾听员工心声，不仅要听到他的说话内容，还要学会分辨他的情绪，这可以帮助管理者了解员工心中的感受，加深对其所说内容的理解。

总之，用心倾听员工心声是管理上一个基本技巧，也是必备技能，只有做到这点，才能使员工安心工作、用心回报。

从情感出发的管理更能收服人心

无论是什么性质的企业，团队的凝聚力都是十分重要的，只有员工和上级一心同体，才能形成齐心协力的局面，提高团队的战斗力。因此，对于管理者来说，不仅要管理员工的行为，还要关注他们的内心，保证他们与自己"一条心"。

然而，管人容易，管心往往很难。要想让员工对自己心服口服，不能只靠"管"，而是要从情感出发，给员工真诚的关心，让他们切实感受到关爱，而不只是利益。

案例

老干妈麻辣酱的创始人陶华碧，不仅其商品的品牌名称是"老干妈"，她本人也被员工亲切地称为"老干妈"，这是因为陶华碧在内部一直实行"干妈式的管理"。

陶华碧对员工的关怀可以说到了无微不至的地步。公司所在的龙洞堡离贵阳市区比较远，附近没什么像样的餐厅，员工用餐很不便，陶华碧就决定为员工提供"包吃包住"的待遇，解决了员工一大半的生活问题。她会仔细地记下每个员工的生日日期，按时给他们送上礼物和一碗长寿面。有时员工去出差，她会像送儿女远行一样，亲手给他们煮几个鸡蛋，一直把他们送出工厂，看着他们上车后，才转身回去。每个传统节日，她都会准备好丰盛的酒席，召集全公司聚餐，像招待回家的子女一样招待他们。

除了这些，陶华碧还说，如果有更好的出路，她会像嫁女儿一样送员工离开。而所有从老干妈离职的人，如果在外面受了委屈，都可以重新回来上班。这样如亲人般的感情投资，使陶华碧在员工心中如妈妈一样可亲可敬。在公司里，大家从来不叫她董事长或老板，而是都喊她"老干妈"。老干妈公司的凝聚力也只增不减，进了这家公司的人，都能长久地工作下去，全心全意为公司效力。

人对一样事物倾注感情时，才能为了做好它而努力。在职场中，要想让员工真心诚意地付出，只用利益和好处作为回报还不够，还要唤起他们心中的情感动力，让员工爱上这份工作、爱上这个团队、敬服团队领导，他才会在面对工作时毫无保留地付出。

从情感出发管理员工有几个技巧，可供管理者参考。

第一，懂得把功劳让给员工。在职场上有这样一种现象：一位主管带领一支团队负责一个项目，大家拼尽全力攻克难关，在公司高层领导眼中，主管的功劳是不可磨灭的，而其他员工所得的物质、精神奖励，则主要由主管进行分配。这时，假如主管在上层领导面前极力邀功，丝毫不提员工的奉献，那么就会大失人心，使员工在情感上受挫，同时打击他们的工作热情。

纵观古今，没有哪个得人心的将领是把好处揣在自己口袋里的。他们无一不是有功大家领、有利大家分，把士兵当作自己的兄弟和亲人，和他们同甘共苦、荣辱与共，才让他们忠心追随、以死相报。今天企业中的管理者也不例外。每一位努力工作的员工都希望得到丰厚的回报，这不仅仅是物质上的，还有精神上的。管理者要认识到员工是企业的支柱，把功劳多分给员工，给予他们想要得到的鼓励和认可，保持他们积极的工作动力。

第二，在适当的时候为员工提供帮助。工作中每个员工都会遇到一些难题，有的通过自己的努力可以解决，有的则在他们能力之外。管理者遇到前一种情况时可以暂时保持观望态度，以锻炼员工解决问题的能力，一旦事情的发展超出员工能力范畴，则要及时伸出援手。

及时出手为员工解决问题，还能使员工变得顺服，改掉一些人不服从管理的毛病。

案例

一个团队新来了一名员工，他能力出众，但心气很高，有些恃才傲物。主管看到他的言行，并没有批评他，任由他傲慢行事。过了不久，主管安排给他一件很重要的工作，这位员工像以前一样，自信满满地做起来。但他做到一半时发现，这项工作风险很大，一不小心就会造成不可挽回的损失，这时退出已经来不及了，又放不下面子求助领导，他不禁有些慌了神，不知道怎么办才好。

这时，主管主动站出来，向他伸出了援助之手。正在担惊受怕的他在主管的帮助下走出了危机、完成了任务。这件事后，他对主管感激不已，心甘情愿听从指挥。

员工在工作中遇到小问题，管理者如果动辄站出来干预，就会给人"指手画脚"的感觉，甚至会引起员工反感。因此管理者应当学会在小问题面前"视而不见"，而在关键时刻出手相助。

第三，不时给员工制造惊喜。有些管理者会不定时给员工制造惊喜，以表达对他们的关心。比如，临时安排与某位员工共进午餐，奖励他一段时期以来的良好表现。

领导给予员工这些"额外"的关注，能让员工体会到公司的温情。在这样从感情出发的管理模式下，员工会更愿意把公司的事当作家事，将更多精力投入到工作中。

礼貌待下，拒绝"语言暴力"

职场虽然有上下级之分，但大家的人格都是平等的，每个人对待别人都需要有基本的礼貌。不过，有些管理者却怀有居高临下的想法，认为员工在自己手下工作，就必须事事服从自己、以自己为工作的中心。在这样的心态影响下，他们对员工说话就"口不择言"，或是以生硬的语气下命令，或是用刻薄的语言挖苦对方，甚至说些辱骂、威胁员工的话。这样做既不能让员工真心服从，也无法使工作变得更顺利，只会给员工带来精神层面的伤害，使自己失去威信和风度。

在语言暴力的攻击下，部分人会选择逆来顺受，也有人会采取消极态度抵抗，还有一些胆大的员工会当面顶撞，激化矛盾，更有甚者直接辞职离去。无论是哪一种结果，对于公司和管理者来说都是莫大的损失。因此，管理者对待员工一定要保持基本的礼貌，拒绝使用语言暴力。

首先，管理者要改掉爱发火、爱训人的习惯。一些管理者脾气急躁，工作中遇到一点儿不顺心的事就大动肝火，看员工不顺眼就训上几句，这样的做法不仅有损自身形象，还给工作造成负面影响。

案例

甲骨文公司是全球第二大软件制造商，它的创始人拉里·埃里森凭借着自己的努力和上天的垂青，一度占据世界首富的宝座。不过，他脾气火爆、口无遮拦，不但喜欢夸夸其谈、攻击对手，对待下属也粗暴蛮横，甚至常常许以虚假的承诺，使他们为自己卖命工作。很多下属因为受不了他的专横狂傲，相继离开了他的公司。

1990年，不可一世的埃里森和他的公司终于遇到了麻烦，不仅诸多员工因忍受不了他的火爆脾气纷纷离职，客户对他的抱怨也越来越多。公司股价一跌再跌，从市值37亿美元一直降到7亿美元。无奈之下，埃里森决定为公司寻找新的"掌门人"，他看上了比他年轻两岁的赖恩。

赖恩做事稳妥，为人和善，和下属、客户都能保持良好的关系。借助强大的人际关系网，他很快使甲骨文公司走出困境。

俗话说，做事先做人，做人先立德。一个人必须要能控制自己的脾气，做到不出口伤人，才有资格领导他人，也才能让员工真心敬服。

其次，管理者要改掉爱唠叨的习惯。有些管理者遇见不满意的事情就会唠叨个没完，并且总喜欢把陈年旧账翻出来，没完没了地数落员工，这其实也是一种语言暴力。唠叨之所以会让听者反感，是因为它代表着说话者有极强的控制欲，密不透风的指责话语像是给听者洗脑，不给其思考、对话的机会，直到听者被动同意说话者的说法。无论管理者的唠叨是严厉的还是温和的，目的都是把自己的意志强加给员工，会引起员工的强烈不适和反感。

因此，管理者与员工谈话时，应当尽量言简意赅，少说、多听，给员工发表意见的机会，充分聆听和尊重他们的想法。

再次，管理者要改掉爱在背后数落人的习惯。有些管理者存在这样一个不好的习惯：当对员工产生不满时，不当面批评，反而喜欢在背后数落。这种类似于"背后讲坏话"的行为，一旦被传到当事人耳中，势必会引起他极大的反感与不适。不过，有些管理者并未意识到这一点，他们或许只想发泄一下对某位员工的不满，但这种行为却很容易搞得上下级互相猜疑，使员工对管理者产生怨气。

反过来，背后表扬别人却会产生极大的激励效果。当员工听到领导在背后夸赞自己时，会产生无比的自信和荣誉感。可见管理者要严格要求自己，有意见当面讲，背后则只夸人。

最后，管理者要避免用讽刺、挖苦的方式批评员工。

案例

韩经理为人正直，做事公平，但有一个缺点让下属们怨言纷纷，那就是情绪起伏不定。他心情愉快的时候，常常和员工们说说笑笑，待人也宽容；可一旦他心情不好，员工就倒霉了，他会专挑刻薄的话挖苦做错事的人，常常让员工十分难堪。

这天，员工小何弄错了一个数据，差点导致一笔给客户的转账出现错误。正巧这时赶上韩经理心情烦躁，他把小何叫到办公室，让她足足站了半小时，才对她说："你的小学数学如果能考及格，也不至于犯这么低级的错误吧？我真替教过你的老师丢脸。这点儿小事都做不好，下回我该把什么任务交给你？扫地吗？"他的语气虽然不重，但极尽挖苦的言辞让小何心里十分委屈，小何忍不住掉下了眼泪。这时，韩经理才意识到自己的言辞不当，伤了员工的自尊心。他连忙用缓和的口气安慰小何，但小何还是哭了半天才停下来。

员工有错误理应受到批评，但讽刺、挖苦并不能让他们意识到问题，更无法帮助他们改正，只会加重他们的负罪感，使其更难自信地面对工作。同时，讽刺的语言还会让管理者"掉价"，失去员工的尊重。

职场中来自上级的语言暴力并不少见，虽然很多时候管理者并未意识到，但不知不觉间很可能已经对员工施加过"暴力"了。因此，管理者要严于律己，修正自身，不做伤害员工同时有损自身尊严的事。

轻松应对不擅长社交的员工

职场中总有这样一类员工，他们说话直来直去，不会拐弯，有时得罪了别人还不自知，也常常听不出别人的"言外之意"，十分不擅长与人打交道。另外，他们往往还具有脾气暴躁、容易与人起冲突的特点，也就是我们常说的"低情商"。研究表明，情商较低的人不擅长管理自己和他人的情绪，他们通常很难意识到自己存在这样的问题，这无疑加大了他们与别人交往的难度。

但在职场中,管理者难免会碰到这类不会与人打交道的员工,而又必须做好和他沟通的工作,以及保证他与同事之间能够和谐相处。因此,如何与这类人搞好关系,就是管理者不得不学习的一课。

首先,面对这样的员工,管理者要尽量保持风度,不轻易与他们产生冲突。这类员工有一个通病是说话不会考虑他人的感受,因此常常说出冒犯别人的话,但实际上,他们的本意可能并非如此。这时,管理者要有包容的胸襟,不可因为对方有些"讨厌",也变成和对方一样讨厌的人,更不能对他说出同样冒犯的话。否则很容易激化矛盾,使场面失控,难以收场。

当员工说出无礼的话时,与其变得和他一样无礼,不如放低姿态,以温和的态度对待他,这样能让对方在最短的时间内冷静下来,意识到自己说话的问题,使双方可以在冷静的状态下进行沟通。同时,虽然提高情商是一件难度较高的事,但当员工不断感受到来自领导的宽容和理解时,他们的内心会变得从容、简单、愉悦,在这样的氛围下,他们也会逐渐学会如何为人处事和与人为善。

其次,用"去繁就简"的方式和他们沟通。情商不足往往就是对情感、情绪的感知力较差,这样的人在和别人交流时,往往无法识别他人的"情绪语言",而只能通过字面意思理解他人的话。如果你的团队中也有这样的员工,那么简化语言就是和他们沟通的最好技巧。

案例

孙主管为人谨慎,讲话比较委婉,但大部分员工都和他交流顺畅,没有障碍。不过,他手下有一名"特殊"的员工小方,却总是听不懂他的"话外音",常常误解他的意思。

这天,孙主管接到上层领导通知——一个重要项目需要加快进度,他决定这两天让组里员工加班突击一下。为了不引起大家反感,他委婉地询问了每个人下班后的安排,大家一听就明白了主管的意思,立刻表示可以留下多工作两个小时。然而当他问到小方时就没这么顺利了。

孙主管把小方叫到办公室,温和地问:"小方,最近家里事情多吗?回家都忙些什么?"

小方回答："还行。"

"最近咱们手头这个项目有点儿紧张，你要是回家没什么事的话……"

没等主管说完，小方就抢着说："我回家之后就是帮我妈做点家务，剩下时间我就看看书。"

孙主管说："这两天跟妈妈解释一下，少帮她做两天家务，你觉得可以吗？"

小方皱起眉头，说："那不太好吧，我在家闲着也是闲着……"

孙主管哭笑不得，于是直接说："我的意思是，你这两天能留在公司加班吗？"

小方这才明白过来，立刻说："那没问题，我可以加班。"

这位主管充分尊重员工意愿的表达方式是值得赞赏的，但当面对像小方这样难以理解语言暗示的员工时，这无疑是增加了沟通成本。这时，不如减少社交上的客套，直接点明重点，清清楚楚地表达自己的意思，以避免沟通带来的误解。

再次，帮助调节他们与同事、客户之间的关系。不擅长社交的员工在与人交往中常常因说错话、办错事而导致人际关系不好，不容易与同事、客户保持良好的关系，这就在无形中对他们的工作造成了阻碍。为了维护团队之间的和谐以及与客户的良好关系，管理者需要在为人处事方面对他们进行指导。

案例

陈明是一家理发店的发型师，他手艺不错，眼光也很好，但由于说话过于直接，不仅固定客户很少，还常常惹得顾客一脸愤怒地离店，让店长十分无奈。

这天，陈明正在为一位女顾客设计发型，但不知怎么说着说着就吵了起来。店长走过去询问，才知道那女孩想做拉直，陈明却说她脸大，拉直以后显得更大，不如做个烫发。女孩有些不悦，坚持要拉直，陈明则说："话我已经跟你说了，你看着吧，拉直后你的脸又会大一圈，到时候可别怪我没提醒你。"女孩又尴尬又生气，脸上红一阵白一阵，转身就要离开。店长连忙上前道歉，说了半天好话，还答应帮她换一位更好的发型师，女孩才留下来。

事后,店长反复向陈明解释,告诉他哪些话不能说、为什么不能说,并教会他很多赞美顾客的话。在他的耐心指导下,陈明和顾客的交流改善了很多,得罪人的情况也很少发生了。

针对这样的情况,管理者可以告诉员工几个说话的秘诀:换位思考,发言前先思考几秒,宁可不说也不要乱说。通过不断的指导来提升员工的情商,督促他进步。

不擅长社交的员工并不一定是不好的员工,他们很可能在专业技能方面十分优秀,同样是公司应当珍惜的人才。与这样的员工交往,需要你建立起理性、做事合乎逻辑的形象,这样才能得到他们的信任,并成为他们学习的榜样。

适当帮助员工解决生活困难

管理者要发自内心地关心员工,只有真正从员工的角度出发,帮助他们解决问题,才能使员工全身心地投入到工作当中。这种关心不仅指工作,员工生活中遇到的困难也同样需要被管理者所重视。每个人的生活都由大大小小的问题所组成,员工的生活困难虽然是私事,理论上与公司、管理者都不相关,但假如员工遇到无法解决的问题,做领导的却漠视不理,那么对于员工来说,这家公司就是毫无人情味的,自己对于公司来说只是一个可有可无的局外人,那么在他心中,公司的事自然也会变得无足轻重。只有愿意在员工遇到困难时出手相助的管理者,才能赢得下属的心。

案例

浙江晨龙锯床股份有限公司董事长丁泽林一直非常重视人才培养,他坚信,只有真心关心员工,员工才会真正为公司做出贡献。创业的十几年来,丁泽林一直像老兵照顾新兵一样,尽全力帮助员工解决生活中遇到的困难。

十几年前,丁泽林有一名老员工老徐,因为突发疾病需要筹集十万元医药费,但是家人东拼西凑也筹不到这笔钱,老徐的病情一再恶化,不能再像以前一样工作,只好打电话给丁泽林，向他提出辞职。丁泽林问明缘由后，二话不说赶到医院，帮老徐垫上了十万元医药费。

正是由于丁泽林关爱员工，员工们都愿意留下来与公司共同发展，勤勤恳恳为公司做出贡献。在他的公司中，"夫妻档"员工有30多对，"父子档"员工有20多对，更有将近100名员工在这里一干就是20多年。

帮助员工解决生活中的困难，虽然不是管理者的职责，却能为自己的管理工作大大加分。这种以关怀打动人的方式，能够很快赢得员工的爱戴和尊重，使他们与管理者一条心，毫无保留地为公司付出努力。

管理者关心员工生活，有以下几点原则可以参考。

第一，帮助员工要真心实意。有些管理者在得知员工遇到困难时，嘴上说着很好听的话，甚至一拍胸脯把事情全揽在自己身上，但不愿付出实际行动，或者只是装模作样走个过场，最后告诉员工自己无能为力。这种先给希望再让人失望的做法，会使管理者的形象变得虚伪、不可靠。在面对员工的求助时，管理者要避免过早做出承诺，而应先试着寻找解决办法，确定在自己能力范围之内后再向员工做出保证。

第二，雪中送炭的情意最可贵。雪中送炭比锦上添花更让人铭记。有些管理者过分热情，员工稍微一有麻烦就主动出手相助，结果多半是花了力气，却难以得到员工的感激，甚至还有可能给人留下多管闲事的印象，反而是多此一举。

第三，如果员工一直遇到同样的困难，并不停向你求助，那么说明他有可能缺乏管理好自己生活的能力，这时则应适可而止，不能无限次地提供帮助。

案例

王华团队中有一名技术员小齐，从三月份其老婆怀孕后，就不断向他提出预支工资的申请。第一次，小齐说要为老婆预备手术费，王华二话不说通知会计把钱给了他。第二次，只隔了一个月，小齐又说丈母娘要住在家里照顾老婆和孩子，家里的花销一下子多了很多，再次申请预支工资，王华想了想，虽然不大情愿，但也答应了。然而接下来的两个月,小齐仍然不断地找王华,请求他提前发放工资。王华告诉他,公司有明确规定,员工连续预支工资不能超过三个月,自己已经无能为力了。但小齐却说自己有急用,请王华借钱给他。

就在王华左右为难时,有员工悄悄告诉他,小齐最近迷上了炒股,但手气不好,接连赔本,又不敢告诉老婆,所以只好一再向公司预支工资。

听到这件事,王华毅然拒绝了小齐的要求,并对他耐心劝说,终于让他认识到了沉迷炒股的危害,注销了股票账户。

对员工的帮助是恩惠,但不分辨情况就给予帮助则是纵容与变相的伤害。因此,在面对员工的求助时,管理者要擦亮双眼,仔细思索,该帮则帮,不该帮的应坚决说"不"。

第四,一些特殊的情况尽量不要干涉或帮忙。比如当员工遇到感情问题时,则应尽量不要过多参与。俗话说清官难断家务事,感情的事情往往越帮越乱,不如给员工一些自由支配的时间,让他自行解决。

另外,如果员工遇到的困难连管理者也无能为力,那管理者也不可坐视不理,这时可以在其他方面提供帮助,至少表达关心问候,不使员工觉得公司无情、领导无义。

患难之处见真情,这并不单指管理者对员工的情意,同时也反映了员工对管理者的信任和依赖,因此才会在困难时刻向其求助。管理者在有能力的情况下,尽量予以帮助,这将大大增进上下级之间的感情。

与不同性格员工相处的诀窍

在企业管理的过程中,管理者会遇到各种类型的员工,有的性格温和,有的个性鲜明,有的容易沟通,有的则相处困难。面对不同性格的员工,管理者应当用不同的方式与之相处,对症下药,见机行事,交流起来就会容易得多。

第一种,无私好人型员工。很多团队中都有一两个这样的员工:他们为人善良,做事勤恳,不仅自己的事情不会偷懒,就连同事的事也很愿意帮忙,即使自己的时间被大量占用也毫无怨言。这类员工通常性情和顺，与同事相处融洽，也没有职场心机。虽然看起来是最好管理的一类员工，但也容易在不知不觉中给团队带来负面影响，比如会造成其他员工的懒惰、推责，滋长办公室不良风气。

案例

贾静是办公室出了名的"好脾气"和"热心肠"，她对同事称得上是有求必应，不管是早上帮忙带早餐，还是下午跑腿买咖啡，无论是打印文件，还是代做PPT，她都满口答应，从不拒绝。虽然看上去，贾静在办公室的人缘不错，但吴主管却看得很清楚：更多的同事只是把她当成便利的帮手，而并不是真正的朋友。更可怕的是，因为这样一个老好人的存在，办公室越来越多的员工开始把本属分内的工作推给贾静，自己乐得清闲，贾静却要从早忙到晚，还经常加班。吴主管知道，这样下去对团队会造成很大的危害，于是几次找贾静谈话，希望她坚持职场的规则，不要再毫无选择地帮别人的忙。但贾静却只是笑笑说自己不累，仍然一如既往，"来者不拒"。

面对这种情况，吴主管左思右想，终于想到一个解决办法：他在团队中成立了一个小组，把平时常找贾静帮忙的几个员工编入组中，让贾静当小组长，并明确规定，小组长的任务是检查工作完成情况，不能亲自动手。这样一来，组里几名员工就明白了主管的用意，不敢再事事推到贾静身上，贾静也很听话地按规矩办事，团队中的不良风气改善了很多。

有时候，不只一个"坏苹果"会毁掉一个团队，"老好人"对团队的伤害也是巨大的，并且通常要很长时间才会显现出来。当管理者发现团队中存在这样"无私奉献"的员工时，应及时采取措施，让他及其他员工对自己的行为都有所控制。

第二种，固执己见型员工。职场中有一类人，他们可能颇具经验，工作能力也不差，但是观念陈腐，思想老化，遇事刚愎自用，不愿意接受别人的建议，甚至不把管理者放在眼里；假如管理者年龄比他们小，那么他们就更容易倚老卖老，不服从管理。这样的员工往往让管理者感觉很头疼，既不能强制管理，又不能放任自流，而当你想要苦口婆心与他们真诚交流时,却发现他们比你更会讲道理。

遇到这样的员工,不如暂时不动声色,即使他们常摆出盛气凌人、唯我独尊的姿态,也大可随他去,暂且忍耐。如果有机会,可以将一项需要高度创新的任务交给他,在他意识到自己僵化的思维不能适应新任务时,就可以抓住机会对他进行指点。想必经过这样的暗示,他会得到教训,在以后的工作中收敛自己的行为。

第三种,搬弄是非型员工。办公室总少不了一类喜欢搬弄是非的人,谈论别人的私事对于他们来说是每天必做的"工作",他们喜欢到处打探周围同事的隐私,并乐于制造、传播谣言,听到什么消息就捕风捉影、添油加醋地向别人转述,生怕天下太平。面对这样的人,最好的办法就是无视,让他们意识到自己的行为是无聊且无意义的,从而自行停止讨论八卦是非。但如果他们的行为对别人造成了实质性伤害,则一定要出面制止。

案例

某公司设计部门新来了一个女员工小米,她人长得漂亮,工作也做得很出色,加上性格开朗,很快就得到直属领导苗经理的器重,不但把最抢手的几单业务给了她,还常常带她参加设计作品展。没过多久,办公室就传出了"绯闻",有几个人总是聚在一起嘀嘀咕咕,说小米才来几个月就这么吃得开,一定是"颜值"的作用。还有人更是说得直接,认为小米和苗经理早就擦出了火花……小米听到这些闲言碎语后,十分难过,设计水平一路下降,人也整天心不在焉,甚至不敢和苗经理多说一句话。

苗经理知道,这样的"花边新闻"靠辟谣是无法终止的,解释多了反而会有"越描越黑"的嫌疑。于是,他照常大大方方和小米交流,只是再去展会时,除了会带上小米,还会一同叫上那个造谣最凶的员工。这名员工立刻明白了苗经理的用意,再也不敢制造绯闻,还在其他人搬弄是非的时候立刻上前制止。一段时间后,谣言就销声匿迹了。

有人的地方就有是非,因为有些人总喜欢以搬弄是非为乐。遇到这样的人,无须太在意,管住别人的嘴是困难的,不如管住自己的行为,让流言不攻自破。

员工性格不同、做事方式不同,管理者需要以不同的方式对待他们,才能实现轻松管理、不费力气带好团队。

真诚相待，充分尊重员工

要想得到员工的拥护，前提是要充分尊重员工。正如古人所说："敬人者，人恒敬之。"但在现今的企业中，一些中层管理人员仍然存在着"敬上易、敬下难"的心理，针对这种情况，管理者需要充分认识到：员工在上下层管理体系中虽然处于被动地位，但在人格和尊严上，每个人都是平等的，应当互相尊重，特别是处于高位的管理者需要格外意识到尊重员工的重要性。

尊重员工是每个管理者必学的功课，但遗憾的是，许多管理者常常忘记这一点。员工就像一面镜子，当你对他友善地笑时，也能收获同样的微笑；当你皱眉时，镜子里的人也会是一脸愁容。要想获得员工的好感和尊重，必须从以下几个方面做起，做到充分尊重员工。

第一，身为管理者，虽然职权高于员工，但不能有来自级别的优越感。人一旦有优越感，就会产生自负和骄傲，进而在行为上变得张狂、傲慢。管理者要时刻提醒自己，无论管理着多少人，自己都和所有员工一样，只是公司普通的一分子，只是在职能上扮演了不同的角色而已。员工虽然要在自己的安排下工作，但他们实质上是自己的工作伙伴，并不低人一等。

有些管理者觉得，放低姿态会降低自己的身份，失去员工的尊重。实际上却恰恰相反，那些越不看重自我身价、地位的领导，往往更能得到员工的认可。

[案例]

某部门有两个副经理，一个姓田，一个姓葛。两个人比起来，大家都觉得田副经理更像领导的样子，他为人严肃，不苟言笑，走到哪里都背着手，和员工走在一起时总是在前面领路，派头十足。当员工出现问题时，他批评员工的样子也很有领导的架势，他总是不遗余力地揭员工的短，直到让员工意识到错误的严重性。对于田副经理，大家又敬又怕，从不敢和他亲近。

葛副经理就完全不同了，他见了谁都礼貌地点头致意，遇到清扫卫生的阿姨也会认真地打了招呼再走开，平时跟员工说话也总是把"谢谢""请""辛苦了"挂嘴边，从来不以命令的语气和员工交流。就算下面的人做错事，他也总是笑眯眯地说："当时是不是犯迷糊了？快去改过来。下次请尽量在休息时间走神哦！"大家都说，不知情的人看到他，一定以为他是来做推销的保险业务员。

年底，员工们要为几位领导的工作打分，虽然田副经理信心满满，但结果大大出乎他的意料：百分制的评卷中，葛副经理得到92分，他却仅仅拿到及格分。

在员工心中，衡量一个管理者的好坏，跟他是否勤勉、业绩多少并无太大关系，他们更在意这个管理者给自己的感觉。做管理者的是否发自内心地尊重员工，员工一定能感觉得到。可见身为管理者，你必须具备领导的实力，却不能摆领导的架子。

第二，善于发现员工的成绩，肯定他们的付出。一些管理者的管理方式倾向于"挑错"，他们对管人的理解是发现员工不好的地方，进行指点和修正。实际上，越将关注点放在员工的错处，他们越会因为打击而丧失信心，这对于员工来说是种变相的不尊重。因此，管理者一定要尊重员工的付出，肯定他们的成绩，多关注其好的方面，尽量用赞美、欣赏和建议代替批评与责备，这样往往能取得更好的效果。

第三，尊重员工的私人空间。每个管理者都喜欢勤劳的员工，因此那些自愿留下来加班，或者在下班后还愿意关注工作的人，往往会得到管理者的赞许。但我们不难发现，我们一旦流露出对这类人的赞赏，其他员工迫于压力也会争相效仿，久而久之，员工的个人生活就会受到影响。

实际上，一个人的工作时长并不一定与他的工作效果成正比，但工作时间越长，他的私人空间就一定会被挤压。而得不到充分休息和娱乐的状态，又会反过来给工作带来负面影响。因此，与其让员工心猿意马地加班，不如在下班后给他们自由，不去打扰他们的自主时间，充分尊重他们支配私人时间的权利。

第四，充分尊重员工的尊严，不乱开玩笑。

案例

春秋时期，郑国有两个公子，分别叫归生和宋。一天，他们两个人一起去见郑灵公，走在路上时，公子宋的食指忽然不受控制地跳了几下，他高兴地对公子归生说："我们等下一定会受到大王的款待，因为我每次食指跳动都能享用到美食。"公子归生觉得这是无稽之谈，并没有相信。

哪知事情竟然如此凑巧，他们来到王宫时，郑灵公恰好命人在煮一只二百多斤重的南方大鼋，这可是少见的美味。公子宋一听，立刻喜形于色，对着公子归生说："我没说错吧，今天大王一定会请我们享用美味。"郑灵公听到事情的来龙去脉，决定要跟公子宋开个玩笑。

这天晚上，郑灵公遍邀王公大臣，给每个人都赐了一鼎鼋羹，唯独没有赏给公子宋，想以此破了他食指跳动就能享用美味的"魔咒"，让他当众出丑。公子宋觉得脸上无光，一气之下跑到郑灵公面前，把手指伸到他的鼎中，抓起一块鼋肉，吃完便扬长而去。

郑灵公火冒三丈，对着众人说一定要杀了公子宋。这句话传到公子宋的耳中，他知道自己与郑灵公的矛盾已无法调和，便先发制人杀了郑灵公。

这就是"染指"一词的由来。君臣之间一个不恰当的玩笑，就引起了一场血腥的宫廷政变。由此可见，管理者千万不可拿员工取乐，更不能当众折辱他们的尊严。

尊重就像一面镜子，只有你先具备，对方才会给予同样的东西。而在关系微妙的上下级之间，这种尊重就更需要被重视，身为管理者应时时牢记，不可疏忽大意。

第六章

人尽其才：
放对地方才是宝贝

企业管理者的主要职责是把有用的人放在合适的岗位上，让他们发挥长处，为企业创造利益。然而，当代顶级企业管理咨询大师拉姆·查兰却说："有至少25%的人不在合适的岗位上。"同时他也表示："有70%受过高等教育的人才并没有得到很好的利用。他们没有寻找到他们应该有的工作价值。"可见职场上存在较为严重的用错、错过人才的现象，帮助员工找到最适合的工作岗位，仍然是管理者非常重要的工作。

管理的失败源于用人的错误

　　管理的本质是管人，管人的关键是用人，用人决定着管理的成败。不过，并不是把有才能的人吸收到队伍里就完成了用人任务，如果不能把他放在合适的岗位上，使他发挥自己的才能，那简直比招一个没有才干的人还要失败。要知道，一个创意十足的发明者可能是最差劲的经理人；一个天才的销售员可能是最低级的产品设计者；而一些著名的足球、篮球教练，在场外可以是最佳指挥，但亲自上场却可能连三流球员也算不上……管理界有这样一句话："垃圾是放错了位置的宝贝，人才用错地方，比用一个蠢材更加糟糕。"

　　案例

　　公元前260年，秦国和赵国在长平发生了战争，秦将王龁指挥有方，秦军凶悍，赵军几次失败，损失了不少将士。赵国将领廉颇下令退回长平城中，坚守不出，只等远道而来的秦军粮食短缺时自行退兵。这个方法的确有效，不久王龁军营中就传出了粮食不足、人心浮躁的消息。

　　就在王龁准备退兵时，赵王却怀疑廉颇不肯作战是因为害怕秦军，因而打算更换赵括上阵领兵，召回廉颇。赵括虽然熟读兵书，但没有实战经验，且为人自满，平时谈论起战事经常有轻敌的言论，因此大臣们纷纷反对让他去前线，就连赵括的母亲也亲自到赵王面前求情，让他收回命令。但赵王却固执己见，执意派赵括前往。

秦王听到赵王换将的消息，悄悄把大将白起派去当主将，让王龁任副将。赵括到了前线，一改廉颇坚守不战的策略，和秦军一连几次交战，然而只会纸上谈兵的赵括哪里是白起的对手，结果是赵军被白起围困长达四十多天，最后因缺粮兵败，四十万赵军被坑杀。

一个通过换将失掉原本的优势，另一个却在换将后扭转不利战局，可见发挥下属的特长能创造奇效，而用人不明则会导致败局。

传统企业在用人方面，更多讲究学历、文凭、阅历和职称等，而现代企业则更看重能力、优势、工作热情、做事风格等因素，这是因为现代管理者们越来越明白，一个人能做什么样的工作，往往是由他的特长而决定的，专业对口、经验老到的人不一定喜欢自己的工作，其中不少以"当一天和尚撞一天钟"的心态在工作，当然不能指望他们做出什么成就。而发现一个人的特长、爱好，把他放到合适的岗位上，使"智者尽其谋，勇者竭其力，仁者播其惠，信者效其忠"，管理的工作才会多几分实效。

管理中还常常出现这样一种用人错误：大材小用，小材大用。有些企业不惜重金引进人才，但在实际使用中却犯了"杀鸡用牛刀"的典型错误——让他们长期做一些基础工作。企业这样做，往往是因为一时无法将其调动到合适岗位，但又不愿错过有用之才，于是就会出现"人才闲置"的局面。对此，企业的想法通常是：只要钱到位，人就会留在这里，迟早有一天会派上用场。而实际上，有才华的人未必肯长时间待在"无用武之地"，一旦他们找到更能发挥实力的地方就会离开。

反过来也是同样，能做三四分事的人，管理者也不可勉强他做到十分。有的管理者期盼员工早日成材，于是想尽办法给他增加工作量和强度。实际上，人的能力不可能在短时间内快速增长，也并非像一些虚假口号所宣传的那样能够"无限量增长"，每个人的成长需要时间和契机，揠苗助长的方式会增加员工的挫败感，使其放弃尝试。因此，管理者用人要切合实际，无论是工作强度还是进步速度，都要为员工"量身订制"。

管理者常犯的第三个用人错误是反复使用不合适的人。一些管理者出于种种原因，总是不忍心换掉经常完不成工作或者屡屡做错事的员工，他们也许是不愿白白浪费已经付出的培养成本，也许是在期待员工可以百炼成钢。出发点虽好，但假如不考虑员工本人的特长与能力，那么再多的努力最终也只能化为泡影。

案例

陈景润从小就展现出超乎常人的数学天赋，高中还未毕业就被厦门大学数学系录取，三年后，又被分配至北京四中教书。然而解题高手却不是个能教好书的人，陈景润平时沉默寡言，语言组织能力较差，加上说话方言有些重，导致学生根本听不懂。

上了几节课后，学校发现他不能胜任，便不再让他登台讲课，而是给学生批改作业。但是，教职员的工作始终不是陈景润所擅长的，一段时间后，他因体力不支回家养病。

厦门大学听说这件事后，不愿放弃这个人才，又将他召回学校，安排在厦大图书馆管理数学系图书资料。可是，陈景润依然只是那个埋头苦读的"书呆子"，管理事务做得很一般。

一个偶然的机会，数学家华罗庚发现了这个年轻人，认为他更适合搞学术研究，不应该留在学校，于是想尽办法将他调到中国科学院数学研究所。终于，陈景润来到了最适合自己的地方，他发挥所长，最终证明了"1+2"，把证明"哥德巴赫猜想"推进到最后一步，获得了世界瞩目的成就。

每个人在世界上都有属于自己的位置，放对了地方是宝贝，放错了可能就是垃圾，就像一堆失效的光碟，在艺术家眼中是文化符号，有着无限可塑性，但在普通人眼中，它们与一堆废品并无差别。管理者用人就好比做一张巨大的拼图，找出有用的图块并非难事，但帮它们找到对的位置才是最关键的一步。

了解员工兴趣，安排擅长位置

如果问管理者："你了解员工的兴趣吗？"相信大部分管理者都会摇摇头，并表示：平时带着大家做好工作已经很累，哪有时间去了解他们的兴趣？也许有小部分管理者能说出一两个员工的兴趣，但也仅限于喜欢唱歌、球踢得不错等表象。当然，每个管理者的精力都是有限的，和员工的相处也基本只在八个小时工作时间内，不了解员工的喜好并非管理硬伤。然而，如果你真能像下面这位管理者一样，观察到员工的兴趣所在，便有可能像他一样创造管理的奇迹。

案例

1903年，亨利·福特创立了福特汽车公司，由于他为汽车发展做出了巨大的贡献，大大方便了人们的出行，世人称他为"给世界装上轮子的人"。虽然人们将无数赞美之词都献给了他，但福特表示，这些成绩是那些被他发现的"机械天才"创造的。而他发现人才的方法是观察他们的兴趣所在。

当时公司里有一个名叫艾姆的德国员工，最初他是一个推销员，但福特发现他在业余时间却总会一头扎进车间，对着机床来回捣鼓。福特由此认定，这么喜欢机床的人，一定会捣鼓出名堂来。于是，他把艾姆从推销岗位调入了车间工作。果不其然，两年后，艾姆发明了全新的自动专用机床，机床所带的自动多角度钢钻可以从四个方向同时操作，一次性就能在缸体上钻出45个孔，大大加快了汽车的生产速度。这项技术和装备在当时是世界独一份的。

福特还通过观察发现了另一个可用之材——杰克。杰克是个普通流水线上的工人，但是福特注意到，他一从流水线上下来就开始画画，而且总喜欢画一些还没被生产过的汽车款式。在当时人们看来，这是典型的"不务正业"，但福特却认准这也是一种才华。他让杰克离开流水线，到设计部担任设计师。结果，不到一年时间，杰克所设计的几款新型汽车就被公司采纳，投入生产。这些汽车销量喜人，一下子就为公司增加了不少收入。

很多管理者之所以不会主动去了解员工的喜好，是因为这在他们看来是一件与正业无关的事，然而福特却花费了几乎一生时间来观察员工、发现人才，福特公司里那些数不清的有才之士，很多都是在他的观察下被发现并提拔的，由此才创造了福特公司在汽车业的霸主地位。可见了解员工的兴趣不但与管理事业息息相关，还有可能带来意外惊喜。

了解员工的兴趣有以下几个技巧和注意事项。

第一，多观察员工把闲暇时间花在什么地方，是了解其兴趣爱好的快速方法。兴趣是一个人行动的最强驱动力，也常常是缓解工作压力最好的消遣，因此在可能的情况下，不少人会利用午休时间看看自己喜欢的东西，办公位也会摆放与爱好相关的东西，平时的言谈中也会不自觉涉及感兴趣的领域。只要细心观察，管理者一定能发现每个员工的兴趣所在。

第二，着重注意那些有长期、稳定兴趣的员工。时间是区分日常娱乐和兴趣的主要标准，有的员工喜欢一样东西就几天热度，过几天再看他就换了别的爱好，这类通常只能叫消遣，不能算作真正的兴趣。只有长年累月不变的喜好才称得上热爱，而只有真心热爱某种东西才会耐得下心认真钻研。

第三，"无用"的兴趣更值得关注。比如，有些员工会每天利用午休时间健身或学学英语，但这是追求进步的自我要求，通常不是因兴趣而做。但假如一个人能够坚持每天听音乐、跳舞、养花、下棋……进行一些在他人看起来没什么用、而他却对此有着无限热情的活动，那么他在该方面多半能称得上"专家"。

案例

某动画公司有一个男设计师杨成，他对恐龙的热爱可以说到了痴迷的程度，他的座位上摆满各式各样的恐龙，微信里至少添加了二十个恐龙爱好者群，甚至午饭时间都在看与恐龙相关的视频。同事们都笑称他有一些"走火入魔"，但他却完全不介意，入职三年来始终与这个爱好相伴。

一次，公司接到一家视频网站的合作邀请，想推出一套儿童动画片，故事恰巧是以恐龙为主题展开。然而，选题组的几位员工都对恐龙没有太深入的了解，做了好几份策划都过于浅显。这时主编想到了杨成，他把杨成叫过来一聊，发现他的相关知识简直称得上一部恐龙百科全书，于是当即拍板，由杨成来负责这一项目。因为有多年的相关知识储备，杨成很快就交出一份策划案，网站看后十分满意，随即敲定了合作。

有人说："这世上没有无用的知识，只是还没派上用场。"管理者应以开放的心态看待员工，在各行各业联系愈加紧密的今天，那些旧眼光中的"玩物丧志"者很可能就是今天需要的宝藏人才。

看人看优点，用人用长处

就像世上没有完美的人一样，职场中也没有所谓完美的员工。近距离和某个员工共事久了，他总会暴露出一些缺点，或是工作上有力不从心之时，或是在人际关系方面有不够圆滑周到之处。总之，只要有心，总能从一个人身上找到一些缺点的蛛丝马迹。那么管理者是否应该做这样的"有心人"呢？或者说，做个会挑员工缺陷的领导，是否能督促他们变得更好？恰恰相反，每个管理者要想管好人、做好事，不但不能太"有心"，反而要适当"糊涂"一些，学会对员工那些无伤大雅的缺点、短处视而不见，将更多的关注放在他们的优点上。

人的缺点和优点就像生长在身体内部的两棵树苗，而关注力则是最好的泉水和肥料。管理者越是常常注视哪一棵，哪一棵就生长得越旺盛。与其盯着员工的缺点不放，不如多看看他能做什么、擅长做什么，发挥其优势，做好工作。"纵横家"鼻祖鬼谷子曾告诉我们这样一个道理：人都是有弱点的，别用道德去制约他人，应该互相协作，才能共同完成大事。

案例

唐代文学家柳宗元有一次路过一个木工家门口，看到木工在院子里修理自家损坏的木床，便停下脚步看了一会儿，却发现他无论刨、锯、凿、雕，技术都非常一般，于是忍不住说："连木床都修不好，也可称得上木工吗？"

木工听了却说："修木床不算本事，这附近的房子都是我带人造的。"

柳宗元没再说什么，笑着摇摇头走了。

过了几天，柳宗元又在另一个工地看到这个木工，只见他发号施令、指挥自如，工匠们在他的带领下有条不紊地工作着。柳宗元这才明白，原来他虽然不是一个好木工，却擅长管理，是一位出色的木工头领。

这个故事给了管理者很好的启示：看人看其短处，除了把人看扁之外一无所获；而观其优势，用其长处，对工作才是有益的。清代学者申居郧说过这样一句话："人才各有所宜，用得其宜，则才著；用非其宜，则才晦。"意思是说，人各有所长，用对了，人的才能得以发挥作用；用错了，人才就被埋没。

管理者的一大使命就是发现员工的长处，并加以利用。有些管理者错误地使用"木桶原理"，看到一个员工有缺陷就想改变他，改变不了就想开除他，那么久而久之团队中就将无人可用。

案例

某酒店有一名前台小何，她的工作效率低，客户多有抱怨。领班多次批评她也没有看到改善后，打算将她辞退。经理对领班说："你有没有发现，小何的责任心很强，她总是想把每件工作都做得完美，所以导致效率低。与其勉强她改变或者辞退她，不如把她调到别的岗位，看她是否能发挥长处。"

领班接受了经理的建议，把小何调到了楼层服务员的岗位上。结果，小何仅仅上岗一个月，领班就接到了全酒店第一封感谢信，客户在信中感谢的正是小何。原来，这位客人要参加一个很重要的会议，但在前一晚，他弄脏了会议上要穿的衣服。于是，他急匆匆找到小何，要她帮忙拿到洗衣房。可是那时酒店的洗衣房早就下班了，小何便自己将衣服洗干净，并挂在通风处，第二天一早便将干净如新的衣服交给了客人。客人十分感动，于是写下了这封感谢信。

如果你总在抱怨员工做不好工作,不妨冷静下来想一想,是否自己一直过多关注了员工的缺点,而忽视了他的优点。一味抱怨只会让团队被负面情绪包围,导致工作更加受阻。换个角度看待员工,也许就能发现他身上的长处和优势。

案例

有一位中学校长最近十分苦恼,他学校一名姓贾的体育老师成了他的"大难题"。贾老师工作态度十分散漫,经常迟到、早退,对他批评得厉害一些,他就干脆请病假,经常好几天不来学校。校长既不能扣他的工资,又不能开除他,别提多头疼了。

有一天,校长决定和贾老师认真聊聊。经过一番耐心的询问,他才知道贾老师原来是省篮球队的骨干,到学校做体育老师后觉得很没意思,总想再回到篮球队去。校长灵机一动,提出允许他在学校里组建一支篮球队,如果他愿意,可以男女生分别建一支队伍,这样给了他充足的机会发挥自己的特长。贾老师听后十分激动,连连表示自己一定会做出成绩。

接下来,贾老师在学校里选拔了一批学生,组建了标准的男、女两支篮球队。他干劲十足,带着队伍为学校赢得不少荣誉,从校长的"难题"变成了为学校争光的"人气教师"。

正如天下没有完美无缺的人一样,天下也没有一无是处的人,团队中那些看似难搞的"刺头",其实也是还未被挖掘的人才,只要管理者肯换个角度看,他们同样可以发光发热。对此,唐代政治家陆贽说过:"若录长补短,则天下无不用之人;责短舍长,则天下无不弃之士。"如果管理者懂得取长补短,那天下没有不能用的人;如果只责备一个人的短处,舍弃他的长处,那天下的人才都要被丢弃了。

了解员工特性,让合适的人做合适的事

有这样一个有趣的故事:日本某家企业中有一个员工,上班的时候极其爱打盹儿,主管找他几次谈话也没什么效果,很为他的出路发愁。公司高层听说这件事,便安排这名

员工到街上卖睡衣。结果他在街上一边卖，一边就睡着了。路过的行人觉得有趣，常常停下来盯着他看。时间久了，大家都认为他穿的睡衣十分舒适，甚至有助眠的功效，纷纷前来购买。这家企业的睡衣产品因此非常畅销。

这个管理故事虽然有些荒诞，却体现了日本管理人的极致精神：了解每一个员工的特性，把他放在最适合的位置上。而这也恰恰是目前国内管理界略为欠缺的地方。对于很多管理者来说，员工进入公司就预定了一个职位，管理者最大的期待是员工尽快适应岗位，领导交待什么就做好什么，这就是称职的员工。这当然是用人的主要方式，不能说是错误，但有一个明显的漏洞：很难将员工的潜能发挥到极致。聪明的管理者不会花费大量力气调教、改变员工来使他们适应岗位，而会花更多的时间观察和了解员工，分配给他们更适宜的任务。同样是安排工作，一个是以岗位为主，一个是以人为考量，工作效果可能会天差地别。

案例

德国一家公司发现一个绝佳的海外市场扩展机会，准备在中国开设一家分厂。但派谁担任负责人成了他们的难题，他们找来找去，最终选定了一个名叫塞德的人，他从名牌大学毕业，专业过硬，并且曾在日本分公司工作过一段时间，能够很好地适应海外生活。

然而出人意料的是，塞德上任后的表现极其糟糕。中国虽然和日本相邻，但国情和公司经营方式与日本有着极大的差别。塞德不适应中国人的合作方式，无法顺畅地与承包商沟通，更不会处理与中国负责人之间的分歧。最终的结果是，工程无限延期，在中国开设分厂的计划也宣告失败。

事后，这家公司在检讨错误时，才发现塞德不管是在德国还是日本，都只担任过技术岗位的工作，而从未涉足管理。他们总结出：正是自己对员工的不了解导致失误，错失了良好机遇。

让一个不合适的人去执行一项任务是危险的策略，即使这个任务处于最好的时机、有最完善的计划和最充裕的财力支持。工作中常常听到管理者表达惋惜和感慨：

"这是个多么好的机会啊，就这么白白浪费掉了。"

"这名员工一向做事靠谱，这次的表现为什么一团糟？"

"早知道这样，当初就换××去做了。"

其实，当工作中出现这样的失误时，管理者应更多地反思自己安排工作的错误，而不能怪员工没有把事办好。无论团队中人多或人少，管理者都要在脑中时刻保持"下棋"思维，既要有全局观，也要了解每一颗"棋子"的功能和优势，在每一步都有明晰的思路，清楚该派哪名员工出马。"让合适的人做合适的事"，只有不违背这一原则，才能马到成功。《孙子兵法》中写道："故善战者，求之于势，不责于人，故能择人而任势。"善于指挥打仗的将帅，其主导思想在于创造有利形势上，而不是苛求手下的兵卒，如此他才能从全局出发，选择适当的人才，从而取得决胜的主动权。

要做到在面对一项任务时快速地挑选出合适的人去执行，管理者必须加深对员工的了解，既要了解员工的能力，知道他能做什么事、能做多大的事，也要了解他的性格，清楚他适合与什么样的人打交道。同时，如果能再对员工的额外储备加以了解，则将大有裨益。

在了解下属的基础上，管理者还应谨记"适合"原则。一些管理者明知某个员工性格内向，不擅长与人交流，偏偏要指派他去做接洽、谈判和管理的工作，并认为这是对他的锻炼，这就违反了孙子所说的"顺势"原则，结果往往是工作没做好，员工的自信也大受打击。管人与育人的相同之处在于，顺应人的天性，尊重每个人的个性，不按照自己的喜好刻意改变别人，让每个人都在开心、舒适的状态下把事情做好。

案例

一家生产日化的公司为了扩展业务，特意花费重金请来一位著名的化学教授，请他帮忙研发某种新产品。然而时间一年一年过去，教授的成果却始终得不到市场的肯定，钱花了不少，销路却一直不能打开。老板非常无奈，最后不得不承认，聘请教授是一个天大的错误。事实上，这名教授确实很有才干，但他多年来习惯了在学校搞科研，从不需要考虑市场和受众，现在突然到了公司里，他自然无法适应，因而压力倍增，反而连正常水平都发挥不出来了。

可见，一个人的能力并不等于执行力，更不一定能转化为生产力。专业技能过硬不代表能胜任一切工作，如果不能创造价值，对于企业来说就是无用的。因此，员工的能力只是一部分考量因素，管理者在用人时还应结合岗位的特点和实际需求加以考虑。

有美国"商界教皇"之称的汤姆·彼得斯曾说："雇用合适的员工是任何公司所能做的最重要的决定，管理工作就是你让合适的人去做合适的事。如果你雇用一些不合适的人，那就别指望他们把事情做好了。"

协调合作，人才互补

职场不是一个人的战场，单打独斗就能完成的工作在今天几乎不存在了，每份工作都需要一群人通力合作才能完成，因此团队协作是现代职场的主要模式。每个团队需要不同人才的配置，只有互相搭配，才能起到"1+1＞2"的效果。

现代企业中存在这样一种现象：企业由一个个性很强的人掌握绝对权力，凡事由老板说了算，其他人只要听命令做事即可。以这样的模式建立起来的企业，虽然看起来秩序井然，实际上却不堪一击。其实不只企业，普通员工之间也是如此，当一项工作只由一个人操作或负责时，虽然不容易产生意见分歧，却很容易因为个人能力有限或个人行事风格的限制而导致失败，或难以做到尽善尽美，而两人或多人配合，则能在很大程度上弥补缺失，形成平衡，保证工作的顺利发展和问题的有效解决。

案例

去过佛教寺庙的人都会发现这样一个有意思的现象：通常一进大门，正面供奉的是弥勒佛，他笑容满面，迎接香客；而在他的背面，则是手拿金刚杵、一脸威仪的韦陀。关于弥勒佛和韦陀，还有一则寓言故事：

相传在很久以前，弥勒佛和韦陀分别掌管不同的寺庙。弥勒佛热情豁达，大肚能容天下事，所以来往的人非常多。但因为他不拘小节，因此也不善于理财，虽然门庭热闹却依然入不敷出。与他相反，韦陀是个管账能手，但过于严肃、面色阴沉，因此到他庙中的人很少，也差点香火断绝。

佛祖在查看香火时发现了这个问题，于是就把弥勒佛和韦陀放在同一个庙里，还安排弥勒佛坐在大门口迎客，韦陀面向内部，主管寺庙的纪律和财务。在两位的分工合作下，寺庙终于出现了香火不断的热闹景象。

无论在哪个行业，每个企业都需要不同人才的配置，企业发展只依靠一种人是不可能实现的。管理者带团队也是同样的道理，每个优秀的团队都是由不同的人才组合而成的，管理者应以每个员工的特长为思考点，安排合适的位置，并参考其优缺点，合理搭配、机动调整，以形成具备各类能力的团队，完成不同需求的工作，这样才能达到团队效能最大化。法国伟大的军事家拿破仑曾经说过："一个法国骑兵肯定打不过一个马穆鲁克骑兵，五个法国骑兵可跟五个马穆鲁克骑兵一战，十个法国骑兵一定能战胜十个马穆鲁克骑兵。"可见管理者如果能合理搭配人才，使他们实现优势互补，就会获得理想的整体效能。

如果你所带领的团队成员较为单一，比如所有员工都是销售员或都是设计师，那么团队功能性也会呈现单一的特点，不仅难以适应变化型的任务，团队内部的活力也会较差。这时不妨添加一个有特殊职责的员工，或许能为团队带来意想不到的效用。

案例

日本北海道盛产一种特别的鳗鱼，由于味道新奇而受消费者喜爱，因此周围很多渔民都以捕捞鳗鱼为生。不过，这种鳗鱼的生命力非常脆弱，只要一离开深海，不到半天就会死亡，而死掉的鳗鱼比新鲜鳗鱼的价格低出一半还要多。后来，一位老渔民想出一个解决办法：他在捕捞鳗鱼后，会在船舱里放进几条狗鱼，这两种鱼是出了名的"死对头"，一船鳗鱼和几条狗鱼一旦被放在一起，双方就会互相乱蹿、各寻出路，这样一来，原本一离海就死的鳗鱼就能多活好几个小时。

有些企业为了便于管理和节约成本,往往会让每个团队保持单一性,但对于一些较为沉闷的工作来说,时间一长大家就很容易出现"劳动疲劳"。因此,适当将不同岗位的员工在空间上进行融合也许并不是坏事。比如,把活跃的销售组和技术组安排在一起,就能起到调和工作氛围的作用;让年轻有活力的员工和年长稳重的员工坐在一起,就能在一定程度上提高老员工的思维活跃程度,而同时减少年轻员工的浮躁;等等。

每个员工都有其所擅长做的事,相对地,就一定会有缺陷。管理者在挑选人才时,可以有意识地进行多元化搭配,吸纳不同做事风格、不同性格的人进团队,使他们在工作上互补,规避缺陷,这样既能避免团队在功能性上出现盲区,又能优化工作氛围、提高团队绩效,可谓一举两得。

人才搭配的三个技巧

在每个团队中,人才都有各自的长处和短处,这不是人才的缺陷,反而给互相提高、互帮互助提供了可能性。在实际的工作中,管理者不仅要考虑每个员工的个人素质,还要考虑整体配置,根据每个人的特长巧妙搭配、以长补短,使每个员工的能力得以发挥,同时增强整个团队的凝聚力和战斗力。

在人才搭配的过程中,有以下三个技巧可作参考。

第一,以性格互补的方式搭配人才。人的性格是指一个人经常性、习惯性显现出来的态度和行为,是不会轻易改变的,并且直接影响着其做事方式。每一种性格都有其优势,也有其不足,理论上来说,在搭配使用人才时,要避免将同一类性格的员工安排在一起,以防止其劣势被放大。比如,性格内向的人敏锐细心,但缺乏魄力;而性格外向的人通常直爽、有勇气,但细心不足、缺乏柔性。将这两种人组合在一起,往往能取长补短,使外向者不至于粗心大意、冲动坏事,内向者不会过度敏感多思、犹豫不决。其他性格亦如此,搭配的基本原则是促进优势、减少劣势,使搭配后的组合能够焕发更强的生命力。

案例

赤壁大战后，曹操占据合肥，孙权为了争夺合肥屡次出兵，在外西征的曹操，对派谁防守十分头疼。为了不丢失合肥这个重镇，他想派能力出众的张辽为主将，但考虑到张辽原本是吕布的手下，在吕布死后才归顺自己，又觉得不稳妥，便打算再派李典为副将。李典与张辽素来不睦，关键时刻可以起到制衡作用。这样安排之后，曹操还是觉得不放心，担心两个人矛盾激化，引起内部斗争。这时，他想到了乐进。乐进带兵打仗多年，作战勇猛，是个颇有威望的老将，加上他性格暴躁，而李典平日里与人为善，张辽为人也很识大体，因此即使张、李二人出现矛盾，乐进这个老资格的将军只要从中协调，一定能压得住他们。最终，曹操决定以张辽为主将、李典和乐进为副将驻守合肥。事实证明，曹操用人水平的确很高，三人在合肥配合密切，虽然有私人恩怨却都能以大局为重，不但两次大败吴军，在逍遥津之战中还差点活捉孙权。

性格作为每个人最稳定的特质，无时无刻不在影响着一个人的行为，在工作中影响着工作效果。用人不能只看能力、不看性格，而最好的减少性格劣势的方法，就是把性情、做事风格互补的人搭配在一起。

第二，明确地分清上下级，并保持上下级之间适当的距离，既不能是一只老虎带几头狮子，也不可是一只狼带几只小白兔。如果上级的能力太强，而下级的能力又过于薄弱，时间一长就容易造成下级对上级一味服从与依赖的局面，形成"一言堂"，从而使人才搭配失去意义。而如果上下级之间的差距过小，则容易形成互相不服气、不配合的局面，甚至各行其是，给工作带来巨大的阻碍。

案例

某集团新开办了一个工厂，集团高层对此非常重视，特派三位能力出众的高管分别担任常务董事、厂长和经理。大家都以为三个能力如此出众的领导一起合作，一定能很快将工厂办得有声有色，但没想到这家工厂不但经营不景气，而且连续六个月出现亏损。

集团总部反复召开专门会议，对这家工厂的状况进行分析研究，最终决定请经理退出工厂管理,担任另一家工厂的经理。这时大家又开始猜测:三个能力出众的管理者都无法挽救工厂的命运,走了一个岂不是要垮台?但出人意料的是,工厂在厂长和常务董事齐心协力的治理下,竟然转亏为盈,在短短几个月内就把生产和销售额提到了原来的两倍,顺利实现盈利。而更令人意外的是,那位被派到另一工厂的经理,也表现出经营方面的过人才能,创造了良好的业绩。

原来,级别差不多、都有着超强能力的三个人在一起管理时,因为谁都争着表现自己,不愿听从另外两个人的意见,反而使工作处处掣肘,无法顺利进行下去。而将他们分开后,每个人的实力得以发挥,才真正做出了成绩。

可见,进行人才搭配一定要分清主次,上下级之间的权力对比既不能太悬殊,也不能太贴近。只有充分考虑到实际操作因素,才能做好人才组合。

第三,有共同的目标以及一致的计划。虽然把不同的人放在一起是为了互补,但必须确保他们在目标和行动上保持一致,这样才能保证劲儿往一处使,减少摩擦,统一行动。

对于每个团队来说,吸收人才只是管理的第一步,如果不能将他们合理搭配起来,那么不但无法增强团队实力,反而可能出现多头马乱拉车的情况。因此,管理者需要在人才搭配方面多花心思,将人事安排妥当,实现真正的取长补短,让员工能够在你的巧妙带领下创造惊人的成绩。

留心关注,奇才往往出奇效

不知你有没有留意过,生活中往往有这样一类人:他们与其他人很不一样,不是穿着打扮特殊,就是言谈举止让人觉得怪异。而与其他人最大的不同,可能还是他们所做的事情,他们可能神神秘秘,不知每天在忙些什么,但有时却能在关键时刻突然发挥"奇效",给身边的人带来惊喜或者惊吓。假如身为管理者的你,恰巧在团队中发现这样的"奇人",那么一定要留意,你很有可能获得了一个"奇才"。

自古以来，就有一些看似与主流社会格格不入的人，最终被一些有识人之明的人发现。他们正是不走寻常路的怪才，且常常有着常人所没有的能力与学识。三国时期因为一场雄辩而名留青史的秦宓就正是这样一个人。

案例

秦宓出生于现今的四川，家中十分贫寒，因为很有才学而在当地小有名气。当地官府几次征召他出仕，他却宁愿推荐别人，也不肯自己去。乡里人都觉得他反常。不仅如此，秦宓为人还很跋扈，他经常写信给做官的好友和当地的权贵，教他们如何做人、做事，弄得大家哭笑不得。

刘备取了西川后，听说秦宓的名气，想请他出山，可秦宓却假托有病，躺在床上，对着来请他的人说了一番大道理，说得来人无言以对。刘备这下更加认定秦宓是个怪才，三番五次相邀，终于把他请到了自己麾下。然而，刘备称帝，准备征讨东吴时，秦宓说天时不当，必难取胜。刘备十分气恼，将秦宓下狱囚禁。后来秦宓被用钱赎出来，才保住了性命。

至此，秦宓都只是更像个行为怪异的狂生，但在不久后，他却一战成名，让世人见识了什么叫"奇才"。

刘备死后，孙权派使者张温来到蜀汉，诸葛亮设宴款待，三番五次邀请才将秦宓请来。张温十分不满，席间几次用刁钻的问题难为秦宓，秦宓都对答如流，在场的人无不惊叹。

张温见难不倒秦宓，又不死心地问："太阳生于东方吗？"这个问题是个圈套，吴国在东边，如果秦宓回答"是"，就相当于承认了吴国的正统地位，众人纷纷捏了把汗。只见秦宓略加思索后，不急不缓地回答道："太阳升于东方，但落于西方。"西方，正是蜀国所在的位置。张温大吃一惊，不由得流露出钦佩的表情。

通过这一次舌战，秦宓维护了蜀国尊严，打击了敌对国，写下了外交史上精彩的一笔，他本人也因此名留青史。

怪人之中之所以常常出怪才，是因为他们丝毫不在意外人对自己如何看，而只坚持内心的真理，坚定地做自己认为对的事情。有这种一条路走到黑的意志力，练就一身奇特的本领也就不稀奇了。

任正非曾经说过这样一句话："要容忍队伍中的'歪瓜裂枣'。"他解释说，"瓜是歪的香，枣是裂的甜"这句话原本是好话，只是被现代人曲解了。任正非表示，华为公司之所以能成功，就是因为有着强大的"生态"，在华为里，你可以看到各种各样"奇怪"的人，员工的多样性甚至到了令人惊叹的地步。而正因为复杂多样，华为才足够强大。

案例

华为有个叫安德烈的俄罗斯小伙子，是个十足的数学痴，公司里很多人都知道，他平时上班就是"玩"电脑，而具体"玩"的是什么从来没有人知道，就连领导也搞不懂。但是，华为的管理者从来不去强迫他做普通工作，甚至轻易不去打扰他，让他随心所欲地"玩"。而这个叫安德烈的青年也很沉得住气，每天上班就只管玩自己的，不向任何人解释。

几年后，安德烈取得了算法突破，打通了从2G到3G的算法，使华为领先了整个业界。

当然，不是每个公司都能像华为这样沉得住气，也不是每个管理者都能容忍一个员工"玩"几年时间，这需要付出巨大的成本，到头来很有可能是一场空。然而，在可行的范围内，每个管理者都应该学习华为对人才的宽容态度以及独到的眼光。

在职场中，很多管理者喜欢员工听话，最好让做什么就做什么，员工穿得出格一点、言行异常一些，就有主管和人力资源管理者轮番找来谈话。但在这样的规范化管理下，公司很难培养出人才，更难留住那些不愿受拘束的"怪才"。企业不应追求把员工培养成千篇一律的机器人，想想看，一个团队都如出一辙地规行矩步，将会是多么可怕的事啊。

要想吸引奇才的加入，并且不使其才华埋没，管理者要有"百花齐放、百家争鸣"的

意识,要允许团队中有不同声音和意见,要像任正非一样,给予"歪瓜裂枣"更多的宽容
和理解,给他们一个发挥奇才的空间和机会。

第七章

做高效管理者：
那些不可不知的管理秘籍

　　每个管理者都希望不断提升管理能力和经验，更加高效地管好员工、带好团队。不过，团队中总会出现一些意外情况，给管理带来困难。本章就旨在介绍一些应对特殊情况的管理技巧，以及点明管理者应当避开的雷区，帮助管理者更轻松、更有效地带好团队。

留意你遇到的"有心人"

案例

在一家外企的招聘会上，人事经理原本想招一个有丰富工作经验的会计，结果却破例招了一名刚毕业的女大学生，而让他们改变主意的只是这位女生当时拿出的两元钱。

当时，这位学生因为缺乏工作经验，在面试阶段被淘汰了。但是，她一再争取，得到了一次笔试的机会。结果，她取得了笔试第一名的成绩。到了复试阶段，人事经理亲自面试，还是因为工作经验不足打算淘汰她，但出于礼貌，他对女孩说："今天的面试就到这里，如果确定录取，我们会给你打电话。"

这时，女孩从口袋里掏出两元钱，递给人事经理，诚恳地说："无论您是否决定录用我，都请给我打个电话，电话费由我来出。"

她的这句话引起了人事经理的兴趣，他问她："一般情况下，没有给你打电话就是没有录用，你为什么一定要坚持让我们打这个电话呢？"

女孩微笑着说："如果我不能达到贵公司的要求，希望您可以告诉我，是我哪方面不够好，让我能根据您的建议改进。至于两元钱，给没被录用的人打电话不属于您公司的开支，应当由我来支付。"

人事经理听后也笑了，说："请你把两元钱收起来吧，不用打电话了。我现在就通知你，你被录用了。"

事后，几位考官问人事经理为什么做这样的决定，人事经理坚定地说："她一直被拒绝却反复争取，还很礼貌地请求对方指点。这样用心的人，一定是大有可为的人才。"

案例中这位应聘者是个十足的"有心人"，她虽然一再被拒绝，却一再努力为自己争取机会，这说明她有着坚毅的品格、十足的耐心和坚定的目标。而她自掏腰包付电话费的细节，则反映了她公私分明的良好素质，这是财务人员宝贵的职业道德，甚至比资历和经验更加重要。所以，正如这位人事经理所判断，这位女生是不可多得的人才，应当毫无疑问地吸纳入公司团队。

如今已不是"酒香不怕巷子深"的年代，社会上有大量各行各业的精英人士，在短时间内引起用人单位注意并不是一件容易的事。有雄心抱负的人，一定会主动出击，寻求表现自我的机会，让自己从众多求职者中脱颖而出，而这样的人才正是管理者需要珍惜的"有心人"。

管理者可以通过以下几个特点，辨认出"有心人"。

第一，对自我要求很高。所谓有心，就是有进取和不断变优秀的心，这样的人无论是在求职阶段，还是已经就职，都不会停止让自己变得更好的脚步。他们对自我要求极高，不仅仅满足于完成工作要求，而总是追求把事情做到让自己满意，甚至不惜为自己增加工作量。在别人都在抱怨工作辛苦而过得浑浑噩噩时，他们却能每天积极地汲取营养，不断地提升自我，获得成长。这样的人就是不折不扣的"有心人"，如果在团队中遇到这样的人，一定要多加留心，予以重用。

第二，自信、勇敢。就像案例中那位多次被拒而丝毫不气馁的女生一样，一心追求优秀的人不会过分在乎所谓的面子，而是会追着目标前进，一次不行就努力两次，两次不行再试第三次。正是在一次又一次的尝试过后，他们的野心才变成个人价值，使自己变得更加出色。相反，如果一个人在面对机会时不自信，畏畏缩缩不敢上前，那么即使才华出众,最终也只能泯然众人,难以获得成就。

第三,常常能出人意料,走出属于个人的道路。这世上的绝大多数人都走在被规定好的道路上,挤破头争取机会,而总有一小部分人,能够灵活地开辟属于自己的道路,轻而易举地获得他人的关注。

案例

英国著名喜剧演员"憨豆先生"名为罗温·艾金森,他早期只是一个名不见经传的小演员,大多数时候只能在各大剧场串场,挣点零用钱。有一次,英国一家著名的马戏团给了他一次面试机会,考官出的题目是让他即兴表演,把大家逗笑。

艾金森用尽浑身解数,又讲笑话又演哑剧,但见多识广的考官们一丝笑意也没有露出。就在面试时间快结束时,艾金森灵机一动,转身拉开面试房间的门,对等待在外面的应聘者大声喊道:"喂,我已经被录用了,你们不用再等,可以回家吃饭了!"这句话一出口,考官们哄然大笑。

就这样,艾金森得到了这份宝贵的工作,最终得以发挥特长,成为世界著名的喜剧大师。

每个人在求职和工作中都有可能遇到困境,有的人甘心被困境打败,灰心丧气地等待下次机会,有的人却会想尽一切办法抓住眼前的机遇,在困境中寻找转机。能够做到灵活应变的人,不但有着不轻易放弃的品质,还具备过人的智慧和能力,是管理者不可错过的优质人才。

摒弃错误管理观念

带好团队是每个管理者的愿望,要想实现这一愿望,除了学习必要的管理技巧外,还要秉持正确的观念,走出管理中的思维误区,避开带领团队过程中可能会出现的失误。常见的错误管理观念有以下几种,可供管理者引以为戒。

第一，事必躬亲。企业中有种管理者对员工的能力总持怀疑态度，交付了任务也会不停跟进、事事插手。这样的管理者往往只相信自己，无法对员工完全授权。但每个人的精力都是有限的，事必躬亲的结果通常不是事事顺利解决，而是领导忙得七窍生烟，员工却越来越怠惰。在一个管理者控制欲过强的团队中，常常出现"新人难成长、能人留不住"的尴尬局面，如此一来，管理者不得不继续事必躬亲，最终陷入恶性循环。

基于这一点考虑，如果你是一个插手太多的管理者，可以试着把事情按照难度和重要程度进行排序，将难度和重要程度较低的一半或者三分之二的任务交给员工，并控制自己在事情完成之前不要过问，更不要指指点点。即使员工做得不完美，也尽量寻找其中的闪光点，夸赞员工，减少挑剔，不以苛刻的眼光对待员工的劳动成果。

第二，和员工交流时"对牛弹琴"。这里将员工比成牛并非贬义，而是提醒管理者，当你和员工所处的视角不同、经历背景不同时，你们的说话方式可能存在巨大的差异。跟员工说话，不能只顾着表达自我，而要考虑员工的理解力，否则就是空耗时间、白费口舌。

案例

有一位秀才去买柴禾，他到集市上转了一圈，看上一个中年人挑的柴，就对他说："荷薪者请过来！"卖柴禾的人不懂"荷薪者"是什么意思，但听到秀才对着他说"过来"，就把柴禾担到了秀才面前。

秀才又问："其价几何？"

卖柴人听得懵懵懂懂，猜想他在问价钱，就说："十二文钱一担。"

秀才看了看柴禾，又说："外实而内虚，烟多而焰少，请损之。"意思是希望再便宜些。但卖柴人却像听天书一般，完全听不懂他的话，于是挑着柴禾走了。

很多管理者就如同故事中的秀才一样，给员工鼓劲演讲，甚至讲得热泪盈眶，有时候把自己都感动了，但是员工却完全不明白他的意思，最终浪费时间和精力。可见，管理者和员工沟通，最重要的不是自己想说什么，而是想让对方听到什么。和不同的员工讲话时，要充分考虑他们的接受能力，再斟酌用词，让沟通简单、高效。

第三,朝令夕改,变化无常。无论是为了加强团队管理,还是为了提升绩效,管理者一旦下达某项指令或规定,就要一以贯之,将其进行到底,随意改变不仅会打乱团队步伐,还会减损制度的权威性,给管理增加困难。

[案例]

一、某公司为了改善员工迟到的问题,制定了一项新的制度:迟到1次罚款50元,一个月累计迟到3次或3次以上的,每次罚款100元。而对于当月没有迟到、早退和请假的员工,则每人奖励400元。这项制度宣布后,过去那些以离家远、送小孩、堵车等理由为借口常常迟到的员工,如今迟到的次数越来越少,相应地,拿到全勤奖的人也越来越多。三个月后,老板看到大家迟到情况改善了很多,而全勤奖金则是一笔很大的支出,于是不顾大家反对,把这项制度取消了。可出乎他意料的是,取消全勤奖的第一个月,员工迟到的情况重新出现,甚至比以前更加严重。

二、某部门经理为了提高员工业绩,重新制定了提成标准,并要求每个人根据新标准做出新的销售方案。但在大家努力调配方案后,仅仅过了两个月,经理觉得不妥,又进行了第二次调整。三个月后,经理又说情况有变,再次提出建立新标准的想法。就这样,不到半年,标准反复变化,财务部门不知按照哪个标准进行提成审核,员工的工资拖了又拖,业绩不但没有得到提升,反而弄得整个部门一片混乱。

团队无论大小,其制度都应当具备一定的严谨性,一旦颁布,管理者也应尽量维持它的稳定性,只有慎重、正式的制度,才能得到员工的尊重,反之则会使其工作受限,打击员工的积极性。

管理者在制定制度时,应该多听取员工的意见,并且要重视征询不同类型员工的建议,并加以整理,以此为参考制定制度。只有了解员工的期望,掌握员工的接受能力,才能使制度公平、合理、易于执行,且让员工乐于接受。这样才能避免朝令夕改、飘忽不定的误区。

第四,过分算计,省小钱,亏大本。一些企业精于算计,在用人方面尤其喜欢贪小便宜，一个职位明明应该每个月给一万五，偏偏只肯付一万二，还不肯降低任职要求。这样做的结果，不是长期招不到人，就是人员流动过大，或者找来的人缺乏真才实学。看似每个月省了几千元的工资，最终却可能造成几万元甚至更多的损失。

案例

一家洗浴城的大堂经理辞职了，老板不愿花两万块的月薪聘请新的经理，就提拔了主管小王，每月支付一万五的薪水，让他做大堂经理。小王原本工资只有一万块，突然被提拔了，很开心，工作十分卖力。但仅仅两个月后，他就发现不对劲的地方：自己几乎包揽了主管和大堂经理的全部工作，薪水却比别家同等职位的人低四分之一。不仅如此，老板还会以各种名义从工资中扣钱。小王几次想跟老板谈谈，老板却以"慢慢来，你还年轻"的理由搪塞。最终，小王再也受不了，选择了离职。

企业中不乏这样的管理者，一边想尽办法克扣员工的薪水，一边给他们"画饼"。节约成本固然没错，但这样一味贪便宜的做法，结果只能造成更大的浪费。

避免以上几个常见的管理观念误区，你的管理之路就会顺畅很多。

保持宽大胸怀，凡事留有余地

一个管理者的领导力很大程度上来自于他的影响力和感召力，而要提升这两点素质，则要保持足够宽大的胸怀。在与员工相处的过程中，一个管理者若是事事精明、斤斤计较，眼里揉不得一粒沙子，那么他就不可能拥有很多追随者。只有胸怀宽广、海纳百川，遇事不过分与员工计较的管理者，才是真正具有强烈个人魅力的管理者，才能被员工真心敬服，得到他们忠心的支持和拥护。

古语说："水至清则无鱼，人至察则无徒。"一个人事事求全责备，就难有人与之相交。管理者要有容人的雅量，对员工表现出宽容，特别是在他们做错事情的时候，尽量予以理解和包容。

案例

　　一次，楚庄王大摆宴席，遍请朝中文武大臣。席间，楚庄王让自己貌美如花的爱姬向众大臣敬酒，大家一直从白天喝到晚上，仍然觉得没尽兴，于是又点上蜡烛继续喝。就在这时，一阵穿堂风吹过，蜡烛全部被吹灭，堂内顿时一片漆黑。混乱之中，楚庄王的爱姬突然感觉有人扯了一把自己的衣袖，顺着她的衣襟向上摸了一把。她非常恼怒，又不便出声，灵机一动把那人的帽缨拽了下来。接着，她摸索到楚庄王身边，把这件事告诉了他，让他严惩那个色胆包天的人。

　　谁知，楚庄王听后，却禁止下人点蜡烛，而是对着大家宣布："今天我们君臣饮酒欢聚，大家随意一些，把帽缨都摘下来，敞开痛饮吧！"

　　大臣们虽然不明所以，但都照做了。楚庄王这才命人点燃烛火，像没事发生一样，继续和大家饮酒作乐。爱姬辨认不出是谁非礼了自己，事后非常生气，埋怨楚庄王不替她出气。楚庄王却说："酒后失礼，岂能追究？"

　　几年后，楚国与晋国爆发大战，一个叫唐狡的部将主动请命担任前锋。在战场上，他冲锋陷阵，奋勇杀敌，先后几次冲入敌阵，并俘获晋军首领，立了首功。

　　在庆功宴上，楚庄王论功行赏时，唐狡却跪在地上，叩头说道："臣已经承蒙大王厚恩，哪里还敢再领赏呢？"

　　楚庄王十分疑惑："寡人不记得给过你什么赏赐。"

　　唐狡满脸愧色，低声说道："几年前的酒宴上，醉酒之时偷偷拉大王爱姬衣袖的人就是我。当时大王不但没有追究，反而替我掩饰了过去。我一直很感激您，今天奋勇杀敌，就是报您当日的不杀之恩！"

　　管理者保持一颗宽容的心，凡事留有余地，不把事情做绝，给予下属补过的机会，是处理与员工关系时十分有帮助的方法。

　　有些管理者也会遇到这样的情况：团队中某一个或几个员工，工作虽然完成得不差，平时和同事也相处融洽，但就是不服从管理，有时会直言顶撞，甚至在公共场合也毫不顾忌，常常弄得管理者下不来台。针对这样"刺头儿"型的员工，一些管理者可能会用更严厉的态度与其针锋相对，以权威压制对方。但这样的做法大多数时候并不能让这些员工顺服，反而更有可能激起他们的抗争意识。这时，作为在话语权上占据相对优势的一方，管理者不妨退让一步，以宽大的胸怀包容他们，用这样的方式感化他们，化解双方的矛盾，建立融洽的关系。

案例

孙主管手下有个技术员叫赵宁，他从不违反公司制度，工作也按时按量完成，唯一的缺点就是不懂得给领导"面子"。有一次，孙主管在微信群中通知加班，大家虽然不愿意，却不敢有怨言，只有赵宁站出来反对，明确表示自己安排了其他事情，不同意加班。他这一举动惹得大家心浮气躁，纷纷说有事留不了，孙主管费了好大功夫，才说动几名员工留下来加班。赵宁却始终不肯留下来。

还有一次，孙主管在会议上强调"人走灯灭"的规章制度，坐在下面的赵宁却小声说了一句"上次您不也忘了吗"，弄得孙主管十分尴尬。

面对这样一个随时随地顶撞自己的员工，孙主管企图拿出领导的威严迫使赵宁顺从。但他发现，他越是搬出规章制度来管理，赵宁越是态度强硬，这使他非常无奈。

有一天，赵宁下班后忘记关一台机器，差点引起施工事故。孙主管听说后，本想借机教训赵宁一番，打压一下他的气焰，但一番思考后，他不但没有批评赵宁，反而耐心对他进行安抚。原本处在紧张情绪中的赵宁一下放松下来，内心充满了对主管的感激。这件事后，他像变了一个人，对孙主管的态度恭顺了很多，再也没有出现公开场合顶撞他的行为。

每个人的经验、观念不同，相处起来难免产生矛盾，上下级之间同样如此。当管理者遇到喜欢跟自己对着干的员工时，用手中的权力压制对方并不是高明的选择，这会导致对方口服心不服，或者引起更强烈的反抗情绪。对于一个团队来说，无论是同级还是上下级之间的"争斗"，都是得不偿失的。与其步步相逼，不如采取主动后退一步，给员工面子和余地，让他意识到自己行为有失，自发调整态度和处事方式。

当然，管理者包容员工也是要有限度的，不可不分轻重、事事宽容。如果失去基本的原则，凡事都主动让步，员工就会觉得管理者软弱好欺，从而更不把上级和公司制度放在眼里。可见，在管理员工时，管理者要以实际情况为考量，把握尺度，守好原则和底线。

谨防"人才过剩"

每个管理者都渴求人才，希望多招收一些高学历、高资历的人到自己的团队中，这样做的初衷是好的，但在有些情况下，人才并不是越多越好，还要考虑企业的实际需要。对于一个企业来说，人才战略的关键是把人才用到合适的地方，保证其才能与职位相匹配，这样才能使人才价值最大化，从而避免出现"人才过剩"的局面。

一些企业为了显示实力，大量吸纳名校毕业、高学历人士进入公司，很多时候，这些人到了公司以后，并没有合适的工作可做，要么是合适的岗位已经被别人占据，要么是过高的学历在公司没有用武之地。这样的结果往往是，公司白白付着高工资，只买了一个所谓的"面子"；而人才虽然拿了钱，却没有可以施展才华的平台，享受不到工作带来的成就感。时间久了，这个彼此搭建的"空架子"就会倒塌。

案例

一家互联网公司总裁在接受采访时，被问到公司招揽人才的诀窍，他回答道，公司的人才大部分是培养出来的，而不是招来的。在招聘时，他们不会刻意追求高学历或者丰富的资历，而更偏向聘用那些喜欢这份工作、有上进心的"普通人"。他认为，在一份能发挥自我价值的工作面前，起点相对较低的人往往更加珍惜，更愿意为之付出努力。

他还回忆说："公司在发展过程中也犯过用人上的错误，我们曾花重金请来大量'能人'，却无法为他们安排合适的职位。当他们发现自己的能力与工作不匹配时，即使钱给得并不少，大部分人最后还是会选择离开，去追寻自己的价值。反过来说，这对于公司来说也是一件麻烦事，比如，一些来自五百强企业的管理人员曾加入我们，结果却因'水土不服'而不得不离开，导致公司人员流动过大。"

实现人生价值是每个人的需求，假如在企业中找不到发挥实力的舞台，那么能力越高的人越容易离开，因为他们相信赚钱不是问题，体现不出自我价值才是他们最在意的事。而对于企业来说，录用能力高却不适用的人才，就好比把飞机的引擎装在汽车上，既飞不起来，也跑不快。可见，选人才如同选鞋子一样，有些虽然华丽却不实用，适合的才是最好的。

相反，一些看上去没什么经验、学历也不高、公司原本不报太大期待的人，有时却能够踏踏实实在工作岗位上努力，为自己的事业开拓一条道路，同时也为公司的发展做出贡献。

案例

松下幸之助于1918年开始着手创办公司，最初公司规模很小，是个名不见经传的小企业。在选择员工时，有朋友劝他要多挖掘一些高学历和从大公司走出来的精英人士，以便快速站稳脚跟，扩大经营。松下却表示，按照自己公司的规模，学校前三名的优秀学生和名企精英是不会加入的，即使他们来了，对于公司来说也是困扰，因为没有适合的工作给他们做。于是，松下只聘请了几位在当时的大公司看来"可有可无"的员工，他们没有过人的背景，也没有高谈阔论的本领，更不会开拓海外市场，但松下却认为他们很适合自己的公司，能够做好本职工作。果然，在他们的努力下，公司经营逐渐稳定，规模也逐渐扩大。后来公司名气越来越大，松下仍然在选用人才时坚持"合适"原则，不盲目追求员工的华丽背景。

事实上，日本的很多企业都在坚持这样的原则，日本管理界有句话叫"适合身份"，意思是说，企业要以经营政策和岗位需求为前提，雇用身份更为合适的人。

当然，这并不是说人才是不重要的，每个企业都需要拔尖的人来承担特定的任务，人才对于企业来说是非常重要的存在。管理者用人，可以参照以下原则。

第一，整体适度原则。人员的使用要以团队为主要考虑因素，坚持适度原则。作为集体中的人，不大适合过于突出，能够融入集体、可以轻松地与别人协同合作，比"鹤立鸡群"往往更加重要。如果集体中某个人的才能过于突出，甚至远远超出团队中的其他人，对团队来说不一定是有益的。而对于这个拔尖的人才来说，当他长期处在低水平的团队当中，难免会逐渐产生"这个公司真不行"的念头，"普通员工"反而更容易心存感激，认为"这个公司还不错"，更愿意为之努力奋斗。

第二，在团队中，骨干只能是少数，这样才是更优化的团队结构。松下幸之助对此也有一段总结，他说："并不是每个职位都要选择精明强干的人来担任。如果把十个自认为一流的优秀人才集中在一起做事，每个人都有他坚定的主张，那么这个团队就会有十种主张，连统一的决断都难以做出，何况是共同前进。然而，如果十个人中只有一个或两个才智出众的人，由他们来担任领头者，那么事情反而可以顺利很多。"

每个公司都需要人才，但人才过剩和人才紧缺对于公司来说是同样的麻烦，管理者要适度招人、用人，把对人才的利用度提到最高。

团队越带越顺的几个技巧

在企业中，有的管理者带领团队似乎很轻松，不费什么力气就能把团队管理得井井有条，而有的管理者却走得举步维艰，团队越带越不顺，不是这里出问题，就是那里遇到麻烦。其实，好的管理者并非天生的，也不是他们运气好碰到易于管理的团队，每个管理者都是在不断学习中逐渐成长为优秀的管理者，同时带领团队走向优秀。以下几个技巧能帮助管理者提升管理水平，顺利带好团队。

第一，尽量不对员工说"不"。高明的管理是要激发员工的自我驱动力，让他们主动、自发地为工作而努力。如果管理者习惯在与员工的交流中说"不""不行""不对"等否定的言辞，就会打击员工的工作热情，使他们产生自我怀疑，在面对工作时顾虑重重，无法放开手脚发挥创造力。因此，在西方和日本很多企业中，管理者都被要求少说"不"。日本松下电器总裁松下幸之助更是对管理者说："你不可以对任何事说不，你大可在实行过程中指导员工，使他们重新回到你所预期的轨迹。我想一个领导人应该接受他不喜欢的事，因为任何人都不喜欢被否定。让员工察觉到你赞扬的表情，感受到鼓励的力量，他

们才能 '肆无忌惮' 地展现身上的闪光点。"

由此可见，管理者在与员工交流时，要尽量避免使用负面词汇，多说"好""很棒""可以"等正面评价，即使在有不同意见时，也不以否定的方式进行沟通，而尽量使用"这样更好""再改善一下就完美了"等激励的话，让员工感到自己的长处被看到、被重视，他们对工作就更加有热情。

第二，人员的任用永远不要将就。管理者在任用人才的过程中要有足够的耐心，不能因为人员空缺就将就乱用，每个岗位都有最适合它的人，只有找到真正适合担任它的人，才能组建最优秀的团队。

案例

美国西南航空公司是美国民航业中唯一持续盈利的公司，它曾连续获得美国交通部颁发的最佳顾客服务奖、最佳准点航班和最佳行李搬运奖。而它之所以能够名利双收，与其非常重视人才的选择有着密不可分的关系。美国西南航空公司的创建者赫伯·凯勒尔常常提醒公司的管理层人员，哪怕只是一个分公司的普通岗位招聘，也要把它作为整个公司最重要的事情来做。他坚信，雇用对于岗位来说素质最好的人才是做好公司业务的关键，为此值得付出大量的时间和人力、财力。

有一次，公司要在一个小镇上找一个客机代理商，人事部门的经理一连面试了34个人，却还没找到合适的。他忍不住对凯勒尔抱怨，为这34个人面试浪费了太多时间和金钱。可凯勒尔却说："只要能找到合适的人，面试340个也不要紧。"在他的坚持下，人事经理最终交出了令人满意的结果，他所选择的人成为当地最出色的客机代理商。

用人不将就，还体现在不任用"混日子"的人。一个对工作缺乏热情、把干活当成应付的员工，是对公司最大的损耗。那些能够做出成绩的团队，无一不是由热爱工作、努力奋斗的个体组成的，而那些卓有成效的管理者，也全都清楚地知晓并遵循这一点用人规律。

案例

1981年，戴维·马克斯韦尔担任了房利美公司的CEO。这家如今在业内被称为"美国最大的房屋抵押贷款公司"的企业，当时正处于十分危急的状况中，公司平均每天亏损达100万美元，有560亿的贷款无法收回。

董事会期待着马克斯韦尔能够推出新的经营策略，扭转败局，但他上台后，第一件事却是给团队进行"大清洗"。马克斯韦尔认为，用人的问题是公司最大的问题，特别是留用那些只把公司当成领薪水的地方、毫不在乎公司前景的人。他告诉整个管理团队，让他们传达给每个员工："公司前方的路十分艰险，如果不想一起上路，没关系，只要说出来，现在就可以下车。同样地，公司也只留位置给那些追求卓越的员工。"最终，有几十名员工提出离开，其中包括14名管理人员。马克斯韦尔对此毫不挽留，而是抓紧时间，挑选更加优秀、更加敬业的经理人和员工补上岗位。

在新团队的协作努力下，房利美公司由每天亏损100万美元变成了每天盈利400万美元。而在1984到1999年间，其股票回报率更是达到市场平均水平的8倍之多。

带团队就是要尽量发挥人才的资源优势和潜力，而假如选错了人，再好的管理技巧也会失去效果。管理者在用人时，永远不能抱着凑合、将就的心理，而要精益求精，不断追求更合适、更出色的人才。

第三，管理者要不断学习。无论带领什么样的团队，管理者要想越做越顺，就一定要保持不断学习的心态，走上管理位置不是目的，只是踏上更艰难也更优秀的事业道路而已。一个停止学习的管理者，终将被替代、被淘汰。

值得注意的是，除了向比自己更高阶、更优秀的管理者学习之外，很多员工身上也有值得管理者学习的地方，而这恰恰是容易被忽略的。"三人行，必有我师"，员工可能在某些方面的能力超出管理者，也可能通过对管理工作的反馈，让管理者看到自身需要改善的地方。可以说，和员工相处的过程，就是管理者最好的学习过程，期间遭遇的问题、困难都是学习的机会，值得引起管理者的重视。

第八章

规避危害：
良好的团队需要不断优化

团队要想保持持续的战斗力，就要不定时进行优化。管理者是站在最前面、最高处的人，看待问题要时刻保持全局观，提升和扩展那些对团队有益的因素，剔除影响团队发展的不和谐分子。从这点上来说，带团队有如护理房屋，要时不时走走转转，看到漏水的、透风的地方，一定要及时修补，以免在危害增大时难以补救。

警惕那些华而不实的人才

案例

明朝官员汪道昆曾历任义乌知县、襄阳知府、福建按察使、兵部左侍郎等职位,虽然取得一些政绩,但他真正的爱好在文学和戏曲上,其文学家的身份也更为后世所熟悉。但当时因为过于偏好结交文人雅士,他曾引起内阁首辅张居正的不满,也葬送了自己的仕途。

万历年间,时任兵部左侍郎的汪道昆奉命在蓟辽一带巡查军事设施,他到达地方后,既不召集官员汇报军情,也不亲自走访考察,而是联络一批当地文人,整日吟诗作赋、闲话风月。当时的蓟辽总兵戚继光觉得很不妥,就把这个情况上报给首辅张居正。果然,数日后汪道昆返回京中,呈上了一份文采四溢的奏章。张居正看后,十分生气地写下"芝兰当道、不得不除"八个字,便罢免了汪道昆的官职。

兰花和芝草都是名贵的植物,但如果生长在不合适的地方,那就是华丽但不实用的东西,不得不铲除。如果不加以处理,就会影响周边花草的生长。现代企业的管理也遵循同样的规律。在一些企业中，有些员工就像名贵的花草一样，需要格外精心地呵护，却难以发挥实际作用，有名而不实，白白占据工作岗位，却做不出什么成绩。针对这样的人，管理者不能一味考虑到他们的才学，就予以包容，否则不仅浪费公司财力，还会影响到其他员工的心态。

案例

某公司新来了一名行政人员小许，她刚进公司不久，就几次引起大家的不满。身为行政人员，她的业务水平存在着明显的不足，不仅考勤表做得乱七八糟，就连基本的办公软件也不会使用。同事请她采买办公用品，她折腾几次，不是漏买就是买错型号。最重要的是，接待来电和来访的客户时她也屡屡出错，有两次记混了客户的电话，还有一次直接忘掉了客户的来电信息。在大家看来，除了嘴甜、擅长哄领导开心外，小许几乎做不成什么实事。

大家几次向经理反映情况，经理却总说："小许文采不错，人也会说话，她有不会的地方，你们多帮帮她就好了。"为此，他还专门把做考勤表、采买办公用品和核对客户信息的事分别交给三个技术人员去协办。这样一来，大家的怨气就更大了，不但拒绝帮小许做事，对待分内工作也怠慢了许多，原本秩序井然的办公室顿时没了章法。

案例中的这位经理，因为小许会做一些表面功夫，就忽略了她在业务方面的不足，这便是雇用了"华而不实"的员工却不自知。身为一名行政人员，口头表达能力良好当然是优势，但如果基本业务水平过差，只会耍嘴皮子，那就是徒有其表，于工作没有任何帮助。

管理者挑选员工，应当更注重其实际能力，而不是表面功夫。因此，应当避免雇用以下两类人。

第一，在工作中不懂装懂的人。每个人都会有知识和技能的盲区，即使再优秀的人才也不会是全知全能的，因此不懂并不可怕，可怕的是有些人奉行"包装哲学"，将自己的短处遮掩起来，宁愿做错，也不愿承认不会，更不愿主动学习。怀有这样"鸵鸟心态"

的人是无法做好工作的,更难以在事业上取得突破。

第二,喜欢夸夸其谈的人。职场中有一些人口才了得,有很强的雄辩能力,在理论上几乎没有人能赢得过他们。这样的人有一个特征,他们在最初一两次见面时往往给人留下深刻的印象,让人觉得他们头脑十分灵活、交际很广泛,甚至以前做出过很惊人的成绩。然而事实上,喜欢侃侃而谈的人,往往是纸上谈兵而已。实际上,工作中并不需要会说大话的人,更需要踏踏实实做事的人,而实力一定要在具体的实践中才能得到证明。因此,管理者在面对一个人时,应该更多地关注他的大脑和双手的能力,而不仅仅是口才。

另外,一些看上去普普通通、才华一般的人,有时反而能展现出人意料的实力。

案例

一家公司的老板提拔了一位刚来不到一年的新人小宋做经理,同时竞争这个职位的小文十分不理解,他觉得自己的业务更出众,资历更高,甚至小宋刚来时对业务不熟悉,都是自己亲手带出来的。因此他十分不解,小宋这个看上去很普通的员工,怎么能在竞争中打败自己。

老板看出小文的不满,特意安排总经理跟他进行了一次谈话。总经理没有指明小文的缺点,而是问他:"你怎么评价小宋呢?"

小文先是说了一通"普通""没什么特长"之类的评价,接着,他若有所思地说:"不过,小宋工作起来是很踏实的,而且说来奇怪,他虽然各方面都很普通,却像有一种神奇的魔力,能让大家都喜欢他。刚来一个月的时候,他就和整个部门的人混熟了。上个季度那个特别难的项目,眼看他就要延期了,居然有几个同事自愿陪他加班到深夜。就连那个最难伺候的客户,也常常忍不住夸他……"

"这就是问题所在啊。"总经理意味深长地说。

小文这才意识到,自己的失败确实是有合理原因的。

外表看上去普通的人不一定真的普通,也许他的锋芒藏在了别人看不到的地方。而那些急于展现自己才华的人,其真实能力却不一定经得起考验。管理者在用人时要擦亮双眼，在具体的工作中考察一个人的实力。

警惕总是关注负面信息的人

有这样两种人，看到半杯水，一种人会庆幸还有半杯可喝，另一种人则会哀叹仅剩半杯。在生活中，相信第一种人会比第二种更受欢迎，因为他们总能给人带来乐观和希望。而在工作中，两者对身边人的影响则更加明显，其中后者尤甚，作为管理者的你，在团队中应当尽量增加第一类人，严格控制第二类人的影响，或者干脆将他们请出团队。

总是关注负面信息的人是难以做好工作的。团队中每个人每天面对的工作差不多，接收的信息也相差无几，但当大家都投入到忙碌的工作中时，总有个别人会将精力耗费在情绪上。对于这类人来说，捕捉负面信息似乎是他们的一种天赋，每个让人不满意的细节都可以被他们找到并放大，成为抱怨的理由。这样的人当然是做不好工作的。

案例

小雨入职已经有半年多了，其工作效率仍然是整个部门最低的一个。她从不迟到、早退，也很少请假，不过，她每天都要花费很长时间才能进入工作状态。天气不好、雾霾很重、身体状态差、没吃早饭……任何一个细节都会对她造成影响，使她不能专心工作，常常是别人已经干了一个小时的活，她才调整好状态，"强迫"自己克服一切"不利因素"，专注在工作上。

而在工作进行过程中，她又会常常发出"今天工作好难啊""领导怎么又把最麻烦的活儿分给我""看来我今天又要加班不可了，真倒霉"等等的抱怨。总之，对于小雨来说，工作中没有一件事情她觉得顺心、满意的，她像一座储满负能量的工厂，随时都会冒出沮丧的烟气来。

过度关注负面信息的人就像案例中的小雨一样，不是抱怨过去，就是担心未来，却绝不会把注意力放在当下，因此常常工作效率低下。除此之外，当事情不顺利时，他们总是习惯性地从外部环境找原因，很少反思自己的问题，久而久之丧失努力的动力，变成丧气十足、只会抱怨的人。

总是关注负面信息的人，不仅会危害自己，还会给团队带来巨大的损害。《乌合之众》一书中说："感性的、本能的情绪在群体当中极易相互传染。"因此我们常常发现这样一个有意思的现象：一个群体原本在自己的岗位上安分守己地工作，一旦有一个人站出来抱怨待遇差、老板抠门、工作太累，其他人很容易便会被煽动起来，一同抗议。个人情绪就这样变成了集体情绪。同样的道理，一个常常在办公室发牢骚的人，也会让大家的情绪变差、工作效率变低。因此，管理者一定要提防这种比病毒传染更可怕的坏情绪传染。

然而这并不是说，管理者一旦发现手下有负能量重的员工就要立刻将他开除。面对这样的员工，首先可以采用关怀、提醒的方式，督促他改变心态。

如果你的员工原本积极乐观，突然有一天变得牢骚满腹，那这时就应及时与其沟通，了解他生活中是否发生了什么变故，在可能的情况下提供一些帮助，让他能尽快恢复良好的工作状态。

案例

蒋主管发现员工小齐最近有些不对劲，原本工作积极、热情的他，最近连续好几次因为态度差被客户投诉。蒋主管找到他谈话，小齐却把过错全推到客户身上，不是说他们太难缠，就是抱怨客户过于挑剔。不仅如此，蒋主管还发现，小齐面对工作越来越没有耐心，有时只要求加半个小时班，他也满口怨言，惹得办公室其他人也跟着抱怨。

面对小齐突然的情绪变化，蒋主管猜想他一定在生活中遇到了什么困难。这天下班后，蒋主管特意请小齐吃饭，详细了解了他的情况。原来，小齐的老婆刚刚怀孕，因为身体欠佳辞掉了工作，在家待产，但一个人在家久了难免觉得孤单，加上孕期激素变化的影响，她的情绪变得起伏不定。就这样，小齐每天下班后，不仅要做饭、做家务，还要听老婆没完没了地诉苦和发脾气，一时精神压力倍增，就渐渐失去了对工作的热情和耐心。

蒋主管听后，不但表示了理解，还决定给小齐放一周假，让他好好陪陪老婆，并为接下来的孕期做做计划，给老婆安排一些打发时间、舒缓心情的活动。

小齐听后十分感激，不停地对蒋主管表达感谢。果然，一周后再回来上班的小齐又恢复了积极、快乐、充满热情的状态。

很多管理者喜欢强调"不要因为生活里的事情影响工作"以及"不要把家里的情绪带到工作里来"，这是不切合实际的，强迫一个心有旁骛的员工倾尽全力工作是非人性的，其工作效果也会大打折扣。这时，不如给予员工一些理解和时间，让他们在调整过后再全身心地投入工作。

当然，也有一些员工本性消极，喜欢抱怨是他们生活的常态。对于这样的员工，如果劝说无用，那么就只能尽早请他们离开，以免影响整个团队的氛围。

留心喜欢当"少数派"的员工

每个企业中都或多或少有一些"特立独行"的员工，他们往往很有个性，喜欢独来独往，在工作和生活中都有些不合群，并且很享受这种"独行侠"的状态。假如你的团队中也有这样的员工，而通过观察你发现他工作认真、遵守公司的规章制度，那么他的存在对于团队来说不是坏事；但假如你发现他不只喜欢独自行动，还存在以下几种偏激的行为，那么就要多加留心，当心他的存在成为团队潜在的威胁。

第一，目中无人，不屑于与同事交流，甚至对别人没有起码的尊重。有的人喜欢独自行动是出于对自由的向往，但也有些人是自视甚高，觉得自己高人一等，不愿与他人"同流合污"，并常常表现出对他人的不尊重。前者不会给团队带来明显的危害，而后者则会直接影响团队的团结。

案例

小叶在一家公司做策展员，虽然工作能力并不低，但在公司的人缘却是数一数二的差劲。办公室里有好几个女孩和她年龄接近，但大家从来不跟她一起行动，确切地说，是小叶从来不屑于和大家一起行动。有几次,大家叫她一起去吃午饭,她却撇撇嘴,说:"楼下那些垃圾食品我才不吃,我自己带了饭。"

有时候工作累了,大家会在同事群里分享在微博上看到的新鲜事,小叶看过之后偏偏要评价一句:"你们真是无聊,关注这些花边新闻,实在太愚蠢了。"

不仅如此,在工作中也没人愿意和小叶合作。她每次看到同事的策划时,总会刻薄地说:"审美太不行了,做的东西真掉价!"

时间久了,小叶在公司成了"孤家寡人",可她却做出一副丝毫不在意的样子,脸上总是写满对"合群"的蔑视。领导几次找她谈话,她的态度始终如一,没办法,主管只好在和上级领导商议后,对她下达了辞退令。

追求个性在新时代员工中越来越成为一种倾向,但个性绝不是没礼貌和没素质的代名词,如果你的团队中也出现如小叶一般的员工,骄狂自大、目中无人,不倾听和尊重别人的观点,并且以此为荣,完全没有反思和妥协的打算,那么请他或她离开团队就是不得不做的选择。

第二,喜欢标新立异,喜欢标榜自己的与众不同,在言谈举止和行为方面常常刻意显示出与别人的不同。从行为心理学角度来说,这样的员工渴望得到来自外界的关注,特立独行是为了吸引同事和上级的目光。当你遇到这一类型的员工时,不要急着批评或纠正他,不妨想想自己平时是否对他关注过少,如果能多给他一些赞赏和鼓励,就能大大提高他的工作热情和自信心。

案例

小霍来公司三年了,一直勤勤恳恳、规规矩矩地上班,虽然不是业绩最好的员工,但也很少垫底,大部分时候都处于中间位置。因为他很让人省心,总是能自觉地把工作完成,因此直系上级崔主管很少在他身上费心思。

不过,最近小霍却变得有点"不一样",他不仅开始频频迟到,业绩也变得忽高忽低。崔主管批评了他几次,他不但没有像其他员工一样因为挨批而沮丧,反而流露出一点

"得意"，违规行为更是有些愈演愈烈的倾向。崔主管十分无奈，问他这是为什么，他才解释说，他觉得这三年来自己是团队中存在感最低的人，不仅从来没有被表扬，甚至也从来没得到过批评……因此，他才下意识地做出这些行为，想让领导能多关注自己。

小霍的解释让崔主管觉得十分意外，但经过一番思考，他表示能够理解小霍的感受，并愿意接受他的意见。

得到他人肯定是每个人的基本需求，被领导肯定则可以说是员工的"刚需"，而比得到领导的批评更糟糕的，则是长期被忽视。这就提醒管理者，要将对员工的关注多以语言形式表达出来，如果只是默默关注，则很容易使员工产生被冷落、被无视的错觉。

第三，唯我独尊，无视团队。也有一些员工成为"少数派"的原因是其自私、过于强调自我。他们非常重视自己的内心感受，对任何集体活动都嗤之以鼻，更不屑遵守公司的制度和文化，在心态上将自己看作"独立于团队之外"的人。这样的员工会为了维护自身权益不惜挑战公司的底线，时常成为麻烦的制造者，并且他们通常有自己坚定的价值观，无论管理者怎样做都难以改变他们。对于这样棘手的员工，管理者则应该考虑请他们离开团队，以维持公司的正常运作。

缺少团队精神的人留不得

在现代企业中，单枪匹马是做不成大事的，每一项有规模的项目都需要大家通力合作来完成。可以说，团队的命运和利益就是每个成员的命运和利益，没有一个人能够独立于团队之外而获益。如果把每个个体比作鱼，那团队就是水，二者不可分割。因此，衡量现代人才的一大标准就是必须有合作精神，能够融入团队，以团队利益为自己的工作准绳。

但在很多企业中，都或多或少存在一些缺乏团队精神的员工，他们喜欢单打独斗，从不和其他同事交流，对需要与他人合作的工作表现出明显的排斥。如果你的队伍里也有这样的员工，那么就要了解他行为背后的原因，帮助他改变观念和做法。

缺少团队精神的人往往有些自大,他们习惯性地以自我为中心思考问题,遇事最先考量自己的利益,骨子里好大喜功,希望通过独立做事的方式展现自己的过人之处。当面对合作时,他们想到的不是"众人拾柴火焰高",而是首先担心队友会不会侵犯自己的利益,因此抗拒与别人搭档做事。在这样的心态影响下,能力再强的员工也无法做成大事,因为一个人的精力始终是有限的,一个人的抗风险能力更是远远不能与一个团队相比较的。

案例

小周和小赵同时在一家公司实习,而在实习期满后,只有一个人能留下来成为正式员工。为了能够转正,两个人工作都非常努力。不过有点不同的是,小周总是显得更加"出挑"。比如,领导分配两个人共同完成一件任务,小周总是会抢着说:"这事我一个人就能办,您交给我就行!"而在汇报工作时,两人的区别就更大了,小周会条分缕析地把自己完成的部分单独汇报给领导,当然,通常是争着说自己做得更多。小赵则不同,领导很少从他口中听到"我",每次他汇报工作,总是说"我们两个做完了",或者"我们还需要一点时间"。有一次,小周病了,小赵独自一个人完成了一项工作,但在与领导交接时,他只字未提小周生病的事,像往常一样说:"我们弄好了,您看行不行。"

实习期满的时候,小周自信满满,以为留下来的一定是自己,结果却让他大失所望,投票的五个领导中,有四个都毫不犹豫地投给了小赵。小周不解,向经理请教原因,经理说:"平心而论你的能力比小赵更强,这是所有领导公认的,但你总是倾向于'孤军奋战',这太可惜了,而我们需要的是具有凝聚力的团队,不是优秀的个人。"小周这才恍然大悟,明白自己输在了哪里。

一个优秀的人可以借着团队的力量让自己更优秀,就像一滴水融进大海能更长久地生存一样。一个不懂合作的人,能创造的价值是有限的,他的存在反而会破坏团队的凝聚力,让团队变成一盘散沙。

还有一种人缺乏团队精神是因为他们性格孤僻,缺少共情能力。巴布森学院管理学教授艾伦·科恩说过这样一句话："不想让其他同事失望会使我们迅速进入状态，竭尽全力做得更好。"从心理学上来说，这正是团队合作得以实现的基础。管理者仔细观察就会发现，在缺乏团队精神的人身上，往往存在着很强的自我意识，他们不是像第一种人一样只关注自己的利益，而是只考虑自己的工作内容和进度。前一种是自私自利，后一种则是共情能力不足。针对后一种人，管理者需要着重培养他的团队精神，让其明白，无论从事怎样的工作，脱离团队都是不现实的，只有在团队中各司其职，努力才会换来回报。

案例

日本企业的管理模式深受世界各地推崇，而其中最为人钦佩的是他们的团队精神。在日本企业中，许多员工的个人能力并不一定出众，但他们却有着极强的团队协作精神，正如西方许多管理者对他们的评价一样："任何团体的团结性，都无法与日本人的团结精神相比。"管理学大师弗兰克·吉布尼也曾这样形容日本公司："一个由晶体管操纵的蚂蚁王国。""蚂蚁"既形容日本人的勤奋，同时也代表着他们擅长协作的精神。

在日本，企业每名员工都是企业家族的一个成员，对企业有着很强的归属感。即使是企业经营者，也必须把自己摆在"家族成员"的位置上，不能将公司视为私有财产，更不能随意进行拍卖。正是这种放弃自我、适应集体的精神，成就了日本企业在世界上的地位。

管理者在带领团队的过程中，不妨多制造员工合作的机会，培养他们的团队意识。另外，尽量不在工作中着意提拔、肯定某一个人，而是多强调合作的重要性，也是增强员工凝聚力、提升协作精神的好方法。

别让"懒惰病"在办公室蔓延

公司是每个人拼搏奋斗的地方，只有辛勤工作才能实现个人价值，创造更好的生活。然而，几乎每个公司都曾经或正有个别"懒人"当道，这些人工作不努力，做事不积极，缺乏热情和行动力，常常给公司业绩"拖后腿"。更可怕的是，就像三个和尚挑水喝的故事一样，懒惰也是一种会"传染"的病，而当团队中的每个人都习惯性偷懒时，那么团队的战斗力就会直线下降。公司没有义务养懒人，这是不言而喻的。不过，当你团队中的某个人出现"懒"的苗头时，别急着开除他，试着了解一下原因，或许就能对症下药，使他勤快起来。

工作中有一类人总是延迟完成任务，或者拖延工作中的某些环节，影响其他员工的进度，导致项目出现延误甚至停滞的情况。这样的员工可能是工作态度懒散，也可能是不擅长安排时间，做事缺乏紧迫感，因而常常犯"拖延症"。针对这种情况，管理者可以帮助他将工作进度细化，规定其在限定时间内完成任务。如果在一段时间后，拖延的情况依然没有改善，则说明员工的能力过差、不适合从事目前的工作，或者"懒惰病"较为严重，管理者只能请他另谋高就。

职场懒人的第二种表现是习惯性懒惰。这类人犯懒通常没什么特殊原因，更与工作能力无关，而是本性中有较强的惰性，他们在工作中从不积极主动，不被屡次催促便不会行动。在团队任务中，这样的人带来的危害往往更加明显，他们会抓住一切机会偷懒，将原本属于自己分内的事情推到同事身上。时间久了，他们的行为必然会引起其他员工的不满，激起团队矛盾。因此，当管理者遇到这种情况时，一定要及时进行干预。

案例

刘朋是团队中出了名的"懒家伙"，他对待工作是"能省则省"的态度，且常常是省自己的时间，把麻烦推给别人。当同事发微信给他，希望他能处理某件事情时，他总会过一两个小时才回复，到那时假如同事因为等不及找了别人或已经自己解决，刘朋则正好可以偷懒。

不仅如此，在对待自己的工作上，刘朋也常常搞"简化"。比如，对于一些不确定的工作，明明多问一句就能避免做错，他却连一封邮件都懒得发，全靠想当然做事，常常弄得后续环节的同事要为他"填坑"。同事提出希望他注意的看法，他却推说自己当时没想到，把责任撇得一干二净。

时间久了，其他员工慢慢有了怨言，原本协作良好的团队里好几个人都传染上了刘朋的"懒惰病"，大家做事越来越不积极，却变得擅长寻找借口。部门经理几次找刘朋谈话，刘朋也只是装出勤快的样子，不出三天又重新回到原样。没办法，经理只好将他辞退了。

像刘朋一样的员工在企业中并不少见，他们没有变得更好的欲望，也不在乎领导、同事对自己的看法，甚至连工作对他们来说都是可有可无的，换言之就是宁可被开除，也懒得改变。缺少目标、没有进取心可能是这类员工犯懒的主要原因，而要改变他们的状态则是非常困难的事。因此，如果你也遇到像刘朋一样难以沟通的员工，只有请他们尽早离开，以减少对团队的危害。

另外还有一种比较特殊的职场"懒人"，他们对待分内工作很勤奋，但对除此之外的事情都表现出懒得参与的态度。这样的人往往并非真的懒，而是主观地将工作之外的事划入了不重要、不感兴趣的范畴。这时，最好的解决办法是培养他们的参与感和成就感。

案例

美国广播公司下属的西棕榈滩新闻节目总编辑戴夫有一项工作是定期为新闻编辑部的所有成员召开例会，总结节目内容。让他头疼的是，有一名负责广播节目技术规格的总监从不参加这些会议，他的理由很简单：这些回顾除了浪费时间之外没有任何作用。

这名技术总监的特立独行使他与同事的关系变得非常差，久而久之，其他员工在开会时也有了怨言。于是，戴夫做了一个决定：让技术总监主持会议。作为会议负责人，他还必须分享自己关于节目的看法，征求其他人的建议，并负责解决日常问题。

一段时间后，戴夫惊喜地发现这一策略产生了良好的效果，随着技术总监越来越深入地参与，他明白了团队合作的重要性，行为和态度方面都产生了惊人的变化。

正如这名技术总监一样，一些看起来懒惰的员工其实并非真的懒，只是其他原因造成了他们逃避、偷懒的假象，他们的懒可以称为"暂时的懒惰"。面对这样的情况，管理者不妨多一些耐心,找到背后原因,帮助员工克服惰性、改变工作态度。

慎用有这几种缺陷的员工

每个员工都有不足之处,在工作中适当包容他们的缺点是每个管理者应该做的。不过,有一些会对同事甚至团队造成危害的缺陷,是不能予以包容的。当管理者遇到以下几种员工时,应当谨慎考虑他的去留问题。

第一,行为失德的员工。无论什么性质的企业,道德存在缺陷的人都不能用。平庸的员工或许会使企业的发展变慢,但道德品质存在问题的人则有可能给企业带来大麻烦。道德低下者可能是自私自利、满嘴谎言、阴险腹黑的,无论具备哪一种恶劣品质,对于团队来说都是潜在的危害。

职场中还有个别男性员工品行不端,常常和女同事开低俗玩笑,对她们的身材、相貌评头论足,使得女员工苦不堪言。管理者对于这种不尊重女性的行为必须坚决予以制止,如果屡教不改,那么则要考虑将其解雇。

第二,喜欢搬弄是非、搞办公室政治的人。有些员工有很强的八卦欲,喜欢议论别人的是非,常常拉帮结派搞小团体,生怕天下太平。这样的行为虽然看起来更像是"小动作",似乎不会掀起大风浪,但如果对其放纵不管,时间久了就会导致团队风气恶化,给管理造成困难。

案例

小陈和小方原本在同一家公司工作,是一对要好的朋友。小方由于工作努力,连续三个月被评为优秀员工,而小陈的业绩却一直处于中下游,渐渐地两人关系产生了变化。小陈虽然表面上还是像以前一样热情,但私底下却对着同事说小方的坏话,说她自私自利、好胜心强,并暗示她的"优秀员工"称号是拍领导马屁拍来的。即使是谣言,说多了总会有人相信。慢慢地,同事们都开始疏远小方,甚至有意无意对她冷嘲热讽。小方感觉到大家对她的敌意,心里十分难过,工作状态也一路下降,接下来的几个月再也没有被评为优秀员工。

主管蒋涛原本认为这是女孩子之间闹些小矛盾，自己不方便干预，然而这时他感觉到办公室气氛已经有些难以控制，小陈的行为严重影响了团队的和谐与团结，这才意识到，自己应该早些介入，将问题扼杀在刚刚萌芽的时候。

职场是个特殊的人际关系场所，员工之间必然会存在一定程度的竞争，适当的、良性的竞争是应该予以支持的，但嫉妒同事、背后使坏却是一定要扼制的不良竞争行为。一些员工在同事取得成绩时，不是督促自己努力进步、向他看齐，反而像小陈一样搞小动作、孤立、排挤优秀同事，那么管理者一定要及时制止，如果员工屡教不改，就不能将他久留于团队之中。

第三，过于敏感、多疑的员工。敏感不是一件坏事，敏感的人在工作中有敏锐的觉察力，可以将工作完成得更加精致、完美，但如果在为人处事中过于敏感，就是一件麻烦事了。敏感的人会放大一切细节，甚至凭空幻想一些原本不存在的负面信息，不但自己常常深陷困惑，还会让身边的人也深受其累。

案例

小云工作努力、性格温和，但有一个缺点，就是太过敏感。她心思细腻，对别人所说的每一句话、每个眼神都会仔细琢磨，每天都会消耗大量时间为人际关系而苦恼。有一次，同事小李见她正在桌子前看书，就感慨地说："小云真是努力啊，稍微有点时间都拿来学习了，哪像我们，不忙的时候就知道聊闲天。"

小云听到这句话，心里"咯噔"一下，她想：小李是不是在讽刺我？难道我在同事看来是"装模作样"在学习？还是在暗示我不合群，不跟大家聊天？她苦恼了一整个下午，最后决定再也不在办公室看书了。

还有一次，小云提前做完了工作，便发邮件给领导，询问接下来有什么任务。领导正在会客，晚回复了一小时，小云的心里就打起了鼓：是不是我做错了什么，领导打算开除我？今天早上看到领导的时候，向他打招呼他也没回应，一定是不想让我干了。小云越想越害怕,忍不住偷偷抹起了眼泪。

时间久了,同事们了解了小云的性格,都不再敢跟她随便开玩笑,就连领导也要常常向她解释自己的想法。大家都觉得累极了。

有句话说:"累人的往往不是工作,而是复杂的办公室人事关系。"假如同事当中有个像小云一样敏感的人,周围人就要花费更多的精力在处理人际关系上。所以,面对小云一样的员工,管理者最好不要采取一味"迁就"的方式处理,而是要试着通过交流改变他"凡事想太多"的习惯,增强其在人际交往时的"钝感力"。

管理者要尊重每个员工不同的个性,但如以上几类在思想、行为上有缺陷的员工,则要慎用。团队就像由几匹马同时拉动的车,只有所有人劲儿往同一处使,团队才能向前行进,如果有人心存异念,偷偷拉倒车,则一定要毫不犹豫地将其清除出局。

不自律的人不可重用

相信你一定听过这样一句话:"世上有一种人最可怕,那就是不玩手机、说睡就睡、冬天也能醒了就起、拿到快递不第一时间拆的人。"而这种"可怕"的人,其实就是高度自律的人。长久地自律是一件难度很高的事,这需要对自我有严格的要求和良好的自控能力,因此他们在常人眼中超越了"可敬",成为了"可怕"的人。高度自律的人,不管在哪一行都会让周围人生畏,因为他们成功的几率远远超出其他人。

对于管理者来说,团队中应该更多地吸纳懂得自律的员工,减少不自律员工的比率,而毫无自律意识的员工则尽量不要留在团队中。自律员工所能达到的高度,以及其为团队做出的贡献,是远非懒散员工所能比的。

案例

北京首都创业集团有限公司原党委书记、董事长刘晓光曾分享过这样一件事:他的一个朋友起点非常低,因为家境不好,中专毕业就辍学了。这位朋友在一家工厂找了份工作，一边挣钱养家，一边看书学习，后来通过了自考本科考试，再后来又考上一家名校的研究生。读研期间，他又凭着强大的自律精神，通过了上海的英语高级口译考试。这名原本只有中专学历的穷小孩，后来成为了西门子的高管。

刘晓光评价说："一边打工一边实现这些是很难的，他超高的自律性和对时间效率的良好把握，甚至可以说到了'变态'的地步。"

从低谷到人人仰望的高峰，只凭借一己之力就做到了，可见自律能给人带来巨大的成功。而严于律己、不断拼搏的员工，能对团队做出的贡献自然也是不言而明的。对于这样的人，管理者一定要予以重用。

不过，需要注意的是，短时间的自律并不是真正意义上的自律，一时兴起早起三五天、热情来了学习几个小时，然而很快就放弃了……在所谓的自律人群中，这样的人占了绝大多数。"间歇性自律、持续性偷懒"只能被称作"一时鸡血"，对于一个人的成长是没什么用的，只有长久的、持续性的自律，才能使一个人快速进步，最终从平凡中脱颖而出。因此，管理者要想辨别团队中哪些是具备自律品质的人才，需要耐心地经过一段较长时间的观察，才能选出真正具有潜力的员工。

那么面对一些不太自律的员工时，是否必须要开除他们呢？其实也未必。相比于出身、外貌这些无法改变的因素来说，自律具备一定的"红利"性质——它是可以通过正确的方式培养出来的。一个原本不自律的人，只要有改变的决心，经过一段时间的努力也可以变成高度自律的人。具体来说，管理者可以通过以下几种方式帮助员工变得更自律一些。

第一，延迟满足。如前面所说的"拿到快递不立刻拆的人"，其实就是懂得延迟满足的道理，这是自律的人之所以自律的重要原理。生活中有很多人，一有空余时间就立刻拿起手机聊天、刷短视频，因为他们能从这种即时满足中立刻获取快乐，然而他们也仅仅能得到一时的乐趣，随着时间流逝，他们最终什么也得不到。而另外一些人，则会选择抱起书本学习，或者去健身房挥洒汗水。这样做虽然眼前必须经受枯燥、乏味和疲劳，却能够获得长远的利益，这就是延迟满足带给人的好处。要想变得自律，必须要有延迟满足欲望的能力,放弃眼前暂时的享乐和舒适,为了远处的目标而努力。管理者可以将自律的原理讲给员工听,帮他们理解自律的意义,以及达成自律的途径。

第二,做一个合理的计划。相信每个人的一生中都有几次想行动起来,达成自律,但大多数人最终失败了,这很有可能是因为他们没有制订合理的计划。人们一提起自律,常常误认为是要充分利用每一天的每一分、每一秒,因此会给自己制订一个满满当当的计划,恨不得连呼吸、吃饭都细化到时刻表里。实际上,这样的计划往往只能坚持一两天,最终会因为过于紧张而放弃。可见,帮助员工做一个松紧适度、循序渐进的计划非常重要。

第三,给员工正向激励。从不自律到自律是一个痛苦的过程,需要有足够的力量才能坚持下去。在改变的过程中,一定要多对员工进行正面鼓励,帮助员工顺利实现向自律的转变。

案例

何宇为了帮助员工充分利用闲暇时间,在办公室开展了"自律互助"活动,号召大家每天早到公司一小时来读书、学英语,以达到提升自我的目的。最开始,大家对这个计划都很有兴趣,前两天甚至有人提前两个小时到公司,一下子就读了半本书。但从第三天开始,有几名员工显然有点坚持不住了,他们顶着一双睡眼赶到公司的时候,刚好到打卡上班的时间。于是大家尴尬地笑笑,说"明天再继续"。但到了下一日,晚来的员工就更多了,大家似乎都有了放弃的意思。

面对这样的情况,何宇没有批评大家,反而群发邮件赞赏了大家的坚持,并且说道:"自律就是这样,早期是兴奋的,中期是痛苦的,后期是享受的。大家虽然一时觉得辛苦,但这证明你们已经进入第二个阶段,只要跨过它,就能进入永久的享受期。我相信你们一定能坚持下去的。"

听到这样的话,原本因为放弃而产生挫败感的员工们又鼓起勇气,将早起坚持了下去。果然,这一坚持就是一年,大家不但收获良多,还因为生活习惯的改善而焕发出良好的精神状态,工作效率也得到大幅提高。

本杰明·富兰克林说："我从未见过一个早起、勤奋、谨慎、诚实的人抱怨命运不好。良好的品格、优秀的习惯、坚强的意志、自律的精神，是不会被所谓的命运击败的。"当自律成为一个人的习惯，他就会闪闪发光；当自律成为一个团队的习惯，它则一定能创造非凡的成绩。

经不起挫折的员工难成大器

挫折和失败是每个人一生中都会遭遇的事情，毫无风雨的人生是不真实的。挫折和失败并不可怕，可怕的是被它们打败，失去再次尝试的勇气。经不起挫折的人，最终也会与成功擦肩而过。正如著名企业家史玉柱所说："我们作为曾经失败过，至少有过失败经历的人，应该经常从里面学点东西。人在成功的时候是学不到东西的，人在顺境的时候，在成功的时候，沉不下心来，所总结的自然是很虚的东西。只有失败的时候，总结的教训才是深刻的，才是真的。"可见，只有能够正确面对失败并从中学到经验的员工才有可能创造成功，而在挫折面前一蹶不振的员工则很难成大器。

案例

中国政法大学刑事司法学院教授、刑法学研究所所长罗翔在讲课过程中分享过这样一个故事，是他的一名学生的亲身经历。

这名学生高考落榜，就在他犹豫要不要复读时，有人对他说："你只要交钱，我就可以帮你通过补录进入你想去的那所大学。"这名学生相信了，把钱给了对方，顺利地进入学校，成为法律系的一名学生。在学校里，他和别的学生并无两样，有和别人相同的学生证、饭卡，和同学参加同样的考试，最后拿到了毕业证。但当他无意间看到同学的毕业证时，才发现自己四年来一直活在一场骗局里——毕业证是假的。这时，他已经考上研究生，并且通过了法考考试。但因为毕业证是假的，他的考研和法考全部宣告作废。

就在所有人都以为这名学生会崩溃、发狂、自暴自弃的时候，他默默拿起书本，开始学习自考课程。一年半后，他通过自考拿到了本科毕业证，接着他重新参加法考和考研，最终全部通过。

这个在巨大的挫折面前不甘于被打倒的学生令罗翔十分感动,他几次在不同的讲座中提到这名学生的这一经历,希望能帮助其他学生树立面对挫折的勇气。

面对突如其来的巨大打击,换作其他年轻人很有可能一蹶不振,从此不再对上学抱有希望,甚至就此怨天尤人、仇恨社会,一生都活在这个阴影当中。而这名学生却只用一年半的时间便改写了命运,重新拿回研究生身份,他在面对失败时的勇气实在令人敬佩。由此也可以看出,一个人面对挫折的不同态度,往往能将他带上不同的命运之路。

经得起挫折的人是可贵的,这种品质无论对于他们自己还是企业来说都是十分宝贵的。这就提醒管理者,要珍惜在经历挫折后仍然保有战斗力的员工,而对较为脆弱的员工则要加以引导,使他们能够具备一定程度的抗压性。

经不起挫折的人往往有这样一个共同点,那就是在经历失败后,他们更多地会对外部环境产生怨恨情绪,认为自己的失败是由客观因素导致的,而不是因为自己能力不行。因此我们常常看到有些人在失败后变得满身怨气,并拒绝再次努力尝试,因为在他们看来,是外部因素导致了自己的失败,再试也会是同样的结果。我国著名学者朱光潜就曾对此发表自己的看法:"意志薄弱、经不起挫折的人往往有一套自宽自解的话,就是把所有的过错都推诿到环境。明明是自己无能,而埋怨环境不允许我显本领,明明是自己甘心做坏人,而埋怨环境不允许我做好人。普通人的毛病在责人太严、责己太宽,埋怨环境还由于缺乏自省自责的习惯。"由此可见,管理者要想帮助员工提高抗压抗挫能力,就要让他们学会自我反省,遇到不顺利的事多从自己身上找原因。

案例

李森在第二次竞选主管失败后,工作状态出现了一百八十度大转弯,以前的他面对客户热情、耐心,对待同事友善、温和,但最近却对同事不理不睬,异常冷淡,就算有客户上门,他不得不去招待,也总是懒懒的,不愿多说一句话。经理知道李森是因为受挫才变成这样,于是打算找他深入沟通一下,帮他化解内心的挫败感。

果然，李森一谈到升职的事就打开了话匣子，且是满腹牢骚："我进公司马上满四年了，为了把工作做好，连女朋友都不敢交，每天最晚离开公司，每月订单量都排在部门前三名。两年前我选主管，公司几位领导说我经验不足，我没有意见。可是这次呢，领导们选了刚入职两年的徐迪。您说，我这工作做着还有什么意思？"

经理默不作声，耐心地听他发完牢骚，然后说道："徐迪虽然进公司没你早，但他在这行的经验可确实更老到一些啊。你失败之后，认定了领导处事不公，我想你大概没有心思考虑自己输在哪里了吧？"

李森摇摇头："我觉得我更有资格，徐迪的业绩并不比我好。"

"错了，选主管不是只看业绩，不然你进公司第一年就该升职了。主管最主要的功能是协调员工之间的工作，在这方面，徐迪确实花费了比你更多的精力。无论是哪位同事，只要有需要，他都会耐心帮助。有时某个岗位临时缺人，只要他一招呼，同事们都愿意去接手，这点你做得到吗？"

李森想了想，摇了摇头说："确实，我的主要精力全放在客户身上，只想把业绩做好一些。"

"对了，这是你的优势，并不代表你不好。更何况，即使徐迪是主管，你的收入、业绩，还是比他高。你跟他走的路不同，你完全可以追求成长为销售精英的目标，在这一方面做到极致，对于公司来说，你也许是更重要的人才。"

听完这番话，李森心里的结打开了，他不再怨公司，而是一心一意钻研如何可以把销售做得更好。

挫折有如人生的一堵墙，它虽然看起来是让人"无路可走"，像绝境的标志，但实际上它只是让你停下来，思考自己该继续走哪条路、如何走下去而已。如果墙下的人愿意静下心来找出口，那么很快就会找到更适合自己的其他道路，或者搬来一把梯子，翻墙而过，继续前行。生活中很多挫折就是这么简单，只是很多人主观地将它放大了而已。当你的员工在墙下迷失、绝望时，管理者要及时站出来，为员工指点迷津，让他们能够快速战胜挫折，重新出发。

第九章

挖掘潜力：
让员工热情加倍的管理秘籍

很多管理者在管理过程中会忽略这样一个事实：人体蕴藏的，除了体能还有智能，而绝大多数人穷其一生也只用到了其中的百分之几，如爱因斯坦、苏格拉底一类的天才，也只开发了10%左右的脑力。人类的智慧有着无限待开发的潜力。也就是说，你手下的每个员工都能完成比你看到的更多倍的工作。当然，这不是体力上的，更多是创造性方面的。因而，管理者不能只管员工的身体，更不能只满足于他们"看上去"在工作，而更多要将重心放在开发他们的潜能上。

信任放权，你会收获意外之喜

如果你仔细观察过各行各业的管理者，一定会发现一个有意思的现象：虽然同为管理阶层，但管理方式可谓各式各样、各有特点。从对员工的监管力度来说，可以找到完全不同的两种风格，一种将"管"和"理"贯彻得非常到位，对待员工更像父母对待小孩，时刻关注他在做什么、做得怎么样；而另外一种则采取"不管"和"不理"的态度，有的甚至几乎一整天都不会出现在员工面前，完全让他们自主自觉、自由发挥。传统的管理界也许会认为第一种管理者更负责任，更加合格，但从现今角度来看，后一种管理方式却可能收到更令人惊喜的效果。

任何企业的发展壮大都需要所有员工的共同努力，管理者过分强调自身权威，就会导致员工的气势变弱、发挥空间变小，从而出现消极懈怠的状况。因此，管理阶层过于强势的企业通常发展并不理想。相对地，今天的管理界越来越倾向的做法是：管理者多多放权，充分信任员工，鼓励他们发挥自身潜力，将工作做好。

案例

巨人集团总裁史玉柱经历过一段失败的时期，在总结教训时，他提出过度集权是导致公司失败的重要原因之一。他说："管理的失误是我们突出的问题……以前，我在大会小会上也经常讲这个，但实际上并没有做到，最终还是停留在口号上。比如我们的分公司经理，开始权力很大，后来被缩得很小。要请客都得发个传真到总部批准，但同时责任却很大，要做市场、要完成多少销售额。责、权、利不协调、不配套，最终导致了管理失控。"在接下来的创业过程中，他谨记教训，提倡由自己开始，逐级向下放权，一直到基层员工为止。在调整管理模式后，史玉柱终于取得成功，成为国内知名的企业家。

　　一个公司的成长和发展要靠全体员工的努力，而不是靠几个管理人员的事必躬亲、严加看管，给予每个员工与其职位相配的权力是管理者的基本职责，也是激发员工工作热情的有效方法。当强势的管理者手握权力、独断专行时，员工就会从心理上将一切职责推诿到上级身上，自己则只剩下被动服从。在这样的情况下，想要员工主动承担责任、积极热情地工作当然是不大可能的，他们只会越来越懒惰，越来越没有自信，充其量只能按照命令做事而已。反过来，当员工感受到被领导信任、被交予一定的权力时，他的主动性就会被调动起来，同时潜能也会得到激发，对待工作更加富有行动力和创造力。

　　现代企业中，越来越多的管理者不但懂得了放权的重要性，更是进一步提出淡化个人权威、充分尊重员工的管理概念。在他们看来，员工的位置被放得越低，他们的创造力就越受限制，管理者就更难得到出色的建议和创意。只有淡化自己的身份，把员工放到更显眼的位置上，才能有真正的收获。而所谓管理者的权威，只不过是虚名而已，不值得追逐。

　　松下电器公司的创始人松下幸之助曾说，当他的员工在一百人左右时，他是站在员工的最前面、以命令的口吻指挥部属工作的；当他的员工增加到一千人时，他则是站在员工的中间，诚恳地请求他们鼎力相助；而当他的员工人数达到一万人时，他只需要站在员工的身后，心存感激地望着他们就可以了；最终，他的员工多达十万人，这时他表示，除了心存感激还不够，必须双手合十，以最虔诚的心来面对他们。

　　越来越多的管理者在走一条低调管人的道路，使员工成为团队中的主角，建立更加开放、平等的现代化团队，鼓励员工自由发挥潜能，把工作做得更好。

需要注意的是，管理者要实现真正的放权，而不是只给员工添任务、加担子，却不给予他们相应的权力。职场中有很多"责大权小"的现象，主要原因是管理者对员工没有充分的信任，这样的情况会造成员工工作时畏首畏尾、力不从心，个人潜能难以得到发挥。试想，一个只被提要求而不被完全信任的人，做不好工作也是理所当然的。反过来，管理者也不可赋予员工过大的权力同时给予过轻的责任。权大责小，会使得员工逐渐丧失责任感，而权力欲却越来越重，最终可能导致越权办事、混淆职权。

在具体操作时，管理者不妨民主一些，让员工参与决策过程，启发他们想办法、定策略，以达到权和责的平衡。对于好的策略，管理者要及时采纳，并对员工进行表扬或奖励，充分予以肯定，如此一来更能激励员工，使得他以加倍的热情投入到工作当中。

不做控制欲强的领导

在企业的日常管理中，有些管理者会表现出对员工较强的"控制欲"，主要表现为：每隔一会儿要去看看员工们是否在认真工作，看到谁没什么事做就不舒服，随机给他安排一些工作，让他至少看起来"很忙"；而要是不巧被管理者看到哪位员工在"摸鱼"，他就会一直盯着这位员工，反复来监督他的工作。这种管理方式看起来好像会提高员工的工作效率，实际上往往只会起到反效果：管理者看得越紧，员工在心理上越容易出现反弹，结果是工作成了为领导而做，领导来的时候就装作很认真的样子，领导一走就偷懒、休息。管理者劳累不说，工作效率也会直线下降。

那么为什么会产生这样的现象呢？与德鲁克比肩的管理大师查尔斯·汉迪在《管理之神》一书中提出了"没事找事型"管理的概念，用以概括这种管理模式的弊端。他说，这种每时每刻都要让员工感觉到自己被监视的管理方法纯属"没事找事"，给员工最直接的感受就是领导不信任自己，所以一定要随时随刻知道自己的动向。汉迪解释：信任与控制之间存在着相对的"制衡"关系，在每段关系中，当控制增加时，信任就会随之减少，管理也同样遵循这一规律。从管理者角度来说，对员工越不信任，越容易加强控制和干预，而干预越深入，员工越容易产生相应的抵抗性，因为人的本性都是倾向于摆脱被束缚、被控制的。一旦进入这样的失衡模式，员工的工作热情就会大大降低，创新能力也不再发挥作用。最终，管理者除了得到员工的抱怨之外，在工作成果上不会看到任何提高。因此，管理者应该意识到控制式管理的缺陷，反思自己有没有类似的行为，并加以改正。

案例

有一位知名的管理师为一群慕名而来的经理人举行讲习，期间提到了控制式管理的问题，每个经理人都十分坚定地表示：自己对下属十分信任，从来不会过多打扰他们。这位管理师利用休息时间设置了一个测验，只有通过这个测验的人才能进入他的下一个课程。

测验方法非常简单，管理师只是默默观察，哪位经理人会在喝咖啡或午餐时往办公室打电话，"遥控监管"员工。在来听他讲课的共十名经理人中，有六个没有通过测试，他们不止一次打电话回公司，询问员工的工作进度、工作状态，甚至警告员工：如果自己回去后发现谁的工作没做好，一定会处罚他。凡是有这样行为的人，都被管理师排除在第二轮讲习之外。被淘汰的经理人十分不满，认为他这样的测试方法很不严谨，其中一位抱怨道："那些一整天不关心团队的人反而通过了测验，我们这些负责任的经理人却成了失败者？这真叫人不能理解。"

管理师听后，只回复了一句话："是的，在我看来，优秀的经理人可以离开办公室一整天，他的员工依然能自觉地做好工作，而不至于引发混乱。"

一些管理者时时刻刻要保持对员工工作的"知情"，暴露的不仅仅是对员工的不信任，同时还有对自己的不信任。通过仔细观察你会发现，控制式管理模式更常出现在中小企业的管理者身上，他们或许本身能力有限，对自己的权威没有太大的信心，因此需要不停地对员工加强控制，以显示自己的影响力。而在外出时不停打电话回公司的人也有着同样的心理：感觉办公室处处都少不了他们。只要仔细琢磨，就会发现背后透露的都是管理者的不自信，但实际上，这样做并不能增加他们的影响力，控制得越紧，管理者在员工心中的威信反而越会降低。

　　管理者的控制欲还常常表现在对工作细节的把控上，一些管理者不但会规定员工的工作量，审查他们的工作效果，还会对如何工作甚至每个小时完成多少工作进行细致的规定，并要求员工严格遵守。在这样密不透风的管理下，员工会很快出现反抗情绪，从而对工作产生抵触心理。

案例

　　吴主管刚从分公司调到总公司，为了显示亲和力，她每天都要到员工区域转上几圈，偶尔和员工闲聊几句，了解他们每个人的性格特点。这原本无可厚非，但让员工无法接受的是，吴主管常常站在他们身后，观察他们如何工作，并随时准备上前指点。这天，她看到小周正在使用五笔打字，便对他说："现在用五笔的年轻人太少了，没想到在这里碰上一个。来，我告诉你一个更好的五笔输入软件，比你现在这个好用多了。"然后，她不由分说在小周的电脑上安装了新的软件，还顺便把旧的卸载了。谁知，小周对新软件完全不适应，很多自己频繁使用的词组在新软件里都打不出，而旧软件因为被主管卸载，词库里的词组也不见了。小周满心不高兴，却又不敢抱怨，只好在心里默默生气。

　　还有一次，吴主管看到小王花了很长时间寻找一张图片，便忍不住对他说："你这样太浪费时间，可以把找不到的图先记在纸上，也许在你寻找下一个信息的时候，合适的图片就会冒出来。"小王胆子比较大，头也不回地说道："您不站在这里分散我的注意力的话，图片早就找到了。"吴主管这才知道，这样的行为不但不会增加她的亲和力，还会让员工对自己产生反感情绪。

　　相信很多人都有过这样苦不堪言的经历，那就是工作的时候领导喜欢在旁边指手画脚，让人不胜其烦。同样地，如果你不愿意成为一个像木偶一样被人牵着线走的员工，那么在成为管理者之后，也不要试图控制你的下属。在工作中和下属保持"安全距离"，给员工足够的空间，他们自身的能量才能发挥出来。

用人不疑，信任让员工干劲十足

中国自古以来就有一句话：用人不疑，疑人不用。这句话告诉管理者，在选择一个人的时候，如果对他有所怀疑，那就干脆不要任用；而一旦选用了某个人，就应对他完全信任。管理者对员工的信任为什么这么重要呢？这是因为，被信任和被肯定是每个人最基本的需求，这直接关系到他行动的激情。当一名员工感受到自己被领导怀疑时，同时也意味他的人品、职业道德被否定，在这样的负面信息影响下，员工的工作积极性会受到巨大的打击。不仅普通人如此，就连如孟子一般的圣人也摆脱不了这一定律。

案例

有一次，齐王委托孟子到滕国去吊丧，名为吊丧，实际上是一次重要的外交活动。此外，齐王还派了一位叫王驩的大夫作为副使，与孟子一同前往。

一路上，一贯善于言谈的孟子，却没有和王驩说过一句除公务之外的话。孟子的弟子公孙丑十分好奇，他问孟子："此去滕国路途遥远，您为什么一句话都不跟副使说呢？难道是觉得他官位小吗？可是能代表齐国出使，他也算是齐国的外交官了，相信有足够的资格和见识谈论政事。"

孟子只说了一句话："那位大夫已经全部盘算好了，我还有什么可说的呢？"

原来，孟子早已觉察到这位大夫并不是齐王派来协助自己的，只是齐王不完全信任自己，派他来监视而已。孟子觉得，既然齐王认为我尽不了自己的职责，那索性就让大夫全权负责。

一代圣人尚且无法忍受上级的不信任，更何况今天普通的员工呢？很多企业的管理者对员工有所顾虑，或是怀疑他们的人品，更多的则是对他们能力的不相信，担心他们做不好工作，因此常常采取不同的方式对其进行监视。然而无论是多么委婉的方式，这些来自权力的制约都在向员工传达同一个信息：在领导眼中我是不值得信任的。这样的管理方式，无疑会让员工寒心，使他们的热情减退，工作能力下降。

在现今的企业中,我们常常听到管理者对员工说"你上次就失误过,这次别再搞砸了""没有我在那边监督你们,你们连两个小时也坚持不了""我当时说什么来着,就知道你会犯错"诸如此类的话,管理者说这些话是为了表明自己的权威和远见,同时给员工一个警醒和提示,但结果却往往与预料的天差地别,管理者越是这样说,员工越是感觉不被信任,同时丧失信心,表现也就越差了。因此,管理者对他要控制自己的念头和嘴巴,试着相信员工,能表扬员工时千万不要贬损他,即使员工做错了也不要质疑他的能力,多给予正面肯定,员工才会朝着积极的方向改善。

有些管理者或许会问:对于犯过错误的员工,也不能有丝毫怀疑吗?自然,如果员工曾经因为自己的过失给团队带来损害,管理者对他产生了怀疑和戒备,这是正常的。这时,如果管理者已经无法再信任这名员工,那么最好的办法就是不再把同样的工作交付给他;而假如决定继续任用这名员工,那么即便心中有所疑虑,也要以宽容的心胸包容他的过错,表示对他的相信和肯定,这才是对接下来的工作最有利的做法。

案例

春秋时期,齐国国君僖公去世,齐国几位公子为了争夺王位展开了激烈竞争,其中公子纠和公子小白是最有机会赢得王位的两个人。公子纠手下的头号谋士管仲多次出谋划策,想杀死公子小白,甚至曾经亲手向他射出一箭,使得他差点丧命。但是最终,公子小白赢得胜利,坐上了王位,公子纠和管仲逃到鲁国避难。小白就是历史上著名的齐桓公。

齐桓公身边有个能人叫鲍叔牙,和管仲十分要好,他建议齐桓公重用管仲,并告诉他这是一个才能十分了得的人。大臣们都觉得鲍叔牙的提议很可笑,没想到齐桓公却一口答应,并命人到鲁国迎接管仲,管仲倒也大方,遵从命令回到了齐国。齐桓公见到他十分高兴,不但对他曾经预谋杀害自己的事只字不提,还下令封管仲为宰相。果然,齐国在管仲的治理下,国力日渐强盛,成为春秋时期最先称霸的国家。

正是因为齐桓公有着宽阔的胸襟,不计前仇,信任并重用管仲,才成了一代霸主和贤主。他的眼光、胸襟和魄力，正是现代很多管理者所缺少的。一些管理者在用人时总是瞻前顾后、犹犹豫豫，既把工作交给了对方，又总是担心他做不好。而越是担心，结果往往也越坏。他们不明白的是，信任像一张纸，一旦揉皱了，再想复原就很困难。对于员工来说，领导如果有一次表现出对自己的不相信，那么就如同对自己的能力判了"死刑"，这种不被信任的感觉会永远伴随他们，成为他们行动最大的阻碍。可见，管理者即使心中有所担忧，表面上也要做出相信员工的样子，以沉着和稳定的情绪鼓励员工，让员工感觉到被认可，这样他们才会全力以赴，做好被托付的工作。

御下有方，用多不如用好

现代企业提倡"集思广益"，把大家的力量集合起来，可以在很多项目上想更多的创意、出更多的点子，即所谓"三个臭皮匠，胜过一个诸葛亮"。当然，在很多情况下这是成立的，有时人多确实好办事。不过，并不是所有情况都符合这个规律，对于部分工作来说，参与的人太多反而会降低成功概率。

相信管理者都碰到过这样的情况：本来一个人能做好的工作，为了稳妥多安排了两个人，最终却搞砸了；一件任务交给一个人时，他能全权负起责任，把事情处理得很周到，而多一个人时，就很容易出现疏漏，甚至互相推责。这虽然看起来有违常理，却揭示了一个潜在的规则：能用一个人办的事，就不要再多用一个人，用多个人不如用好一个人。

当管理者授权给一个人时，这名员工会充分感觉到被信任，因而更能全力以赴把工作做好，而当多一个人时，权力被分割了一半，责任感也会因此削弱一大半。这是因为在人的心中，责任总是与权力相挂钩，没有十足的权力，谁也不会想承担全部的责任。在这样的心理支配下，很容易出现转嫁责任、推卸职责的行为。

案例

公元前3世纪，我国伟大的思想家韩非子对如何用人发表过自己的看法，他说："欲治其外,官置一人。"选用主要管理者时,应该坚持一职一官的原则,也就是每个官职都只设置一个官员,只有这样才确保朝廷内外的工作得到妥善处理。

他还打了这样一个比喻:"一栖两雄,其斗嗷嗷;一家二贵,事乃无功。"如果一个鸟窝有两只势均力敌的雄鸟,它们就会斗得你死我活,正如一个家庭不能有两个当家做主的人,否则也会闹得鸡飞狗跳。一职二官、一职多官,都会造成责、职不明确的问题,彼此之间相互扯皮,就难以发挥应有的潜力。

从官员的角度来说,很少会有人喜欢和别人分享同一个职位,共享官职虽然意味着责任减半,但功劳、成绩也都会减半,如此一来,大家的积极性就会大受打击。一职一官,责任明确,功劳也很分明,做了什么成绩,大家一目了然,如此一来工作热情必然大受激励。

韩非子虽然讲的是古代用人,但对于现代企业管理来说也仍然具有指导意义。从公司管理层到员工,这个规则可以说都很适用。一个人能完成的工作,如果硬要分配给两人或多人,那么很容易出现"一个身体,两个或多个脑袋"的怪现象,不但浪费人力资源,还会形成掣肘局面,对工作有百害而无一利。

另外,如果安排在一起的人性格、做事方法和才能不能达到契合的话,就会对工作产生更为负面的影响。

案例

唐朝时期,每当有将领在外带兵打仗时,为了保险起见,皇帝总会派一名监军到军中,予以监督和配合。不过,皇帝授权的方式并不太合理:监军是没有军权的,理论上不能参与军事指挥,但他却手握皇帝赋予的政治权力。这就导致军中常常出现这样一种状况,监军不能管兵,但可以制约将领的行为,间接干预军权;在军事才能方面,监军当然比不上将领,却可以左右将领的决定,实在有些荒唐。最终导致将领能力再强,也常常因为无法与监军协调意见而吃败仗。

到了明朝,这一情况就更加严峻。明朝的监军往往由皇帝最信任的太监担任,且这些太监常常被赋予很强的权力，对将领的制约性变得更强，军事行动几乎都在他们一力掌握之下，将领往往因为监军的存在而无法下达军令，基本上丧失了统帅的地位和权威。征战沙场的将军和长期在宫中服侍的太监，在性格、眼界、军事经验上有着巨大的差异，因此两者几乎无法在军事行动上达成一致意见，最终导致将领完全失去作用，无法发挥才能。明朝中后期，军事作战能力大大减弱，监军分权就是其中一个非常重要的原因。

几个人共同努力总好过一个人孤军奋战，这可能是很多管理者在安排工作时的初衷。但实际情况往往是，每个人都有他独特的才能、个性和做事方式，有时几个人联合在一起，他们的能力反而因为互相冲突而分散和抵消，人多之后的力量不再是变大，而是变小了，出现"1+1＜2"的尴尬局面。与其如此，倒不如让一个人踏实做事，反而能取得不错的成绩。

当然，并非所有工作都适合交给一个人做，也不是所有人都能独当一面，管理者在授权时，还应考虑以下因素。第一，工作的难度、强度以及复杂程度。当任务明显超出一个人的承受能力时，或者由一个人承担需要相当长的时间才能完成，那么管理者就不应勉强将它分配给一个人。第二，需要衡量员工的能力再作决定。一般来说，不要把任务交给缺乏挑大梁经验的员工，而应选择经验丰富、懂得对抗风险的老资历员工。如果需要培养新人，可以安排他做主要负责人的助手。另外，还要考量员工的才能、性格和责任感，把任务交由一人全权负责时，应尽量选择能力足够强、细心、沉稳、有责任感的员工。

合理授权、巧妙用人，是管理者不得不学的一大技巧，权力不能乱给，一定要给得精准、得当。把合适的权力给到合适的人手中，就能起到事半功倍的效果。

由"扫厕所"得来的管理哲学

案例

日本有一个名叫键山秀三郎的企业家，在日本人心中可谓是一个神奇的存在，这并不是因为他创立了知名的汽车服务公司，而在于他异于常人的事迹——以社长的身份扫了55年的厕所。

键山秀三郎出生于一个贫寒的家庭，父母都是贫农，但由于他们辛勤劳作，渐渐积累了一些财富。无奈天公不作美，他家接连遭受三次地震海啸的侵袭，家人多年的努力全部化为泡影。但是，他的父母面对如此大的变故，却从没有抱怨一句，仍然每天以积极的态度做好家里的扫除工作，并继续勤奋劳作。

二战期间，键山家的房子在战争中被烧，他们不得不搬到乡下，住在狭小的牛棚里。然而，即便牛棚破烂不堪、四处透风，母亲却仍然每天坚持打扫，并把家中物品摆放得井井有条。同时，她也严格要求孩子，衣物、鞋子不能乱放，用过的东西一定要放回原位……在父母的影响下，键山从小就养成了打扫的习惯，并一直保持到长大成人。

1961年，28岁的键山成立了ROYAL汽车服务公司，并雇用了一些年轻人。年轻人的优势在于头脑灵活、敢闯敢干，缺点则是容易浮躁、急功近利。键山发现，员工们一旦遇到不顺利的事，就常常在办公室发脾气，不是对着椅子拳打脚踢，就是把脚踩在桌子上发泄怒气。如此急躁的员工自然是做不好事情的，键山下决心要改变公司的风气。

不过，键山并没有叫来员工们训话，也没有颁布什么规章制度，只是默默拿起清洁工具，从最脏的厕所入手，开始做起打扫工作。员工们看到老板这样，不由得吓了一跳，纷纷劝他不要再做，但他却不加理会。每天上班后，他都要把厕所打扫得光洁如新，几乎能照见人影。员工们慢慢地由惊吓变成了不屑，特别是每次都要到厕所找他汇报工作，看到他蹲在地上做脏活的样子，大家都觉得他不像个社长。但键山丝毫不理会员工怎么想，依然我行我素。

渐渐地，公司的气氛开始发生变化，干净的环境使人心绪沉静，社长坚持不懈的行为也让大家由不解变成了佩服、感动。员工静下心来工作，工作效率直线上升，大家对待彼此越来越有耐心，互相之间的关系也越来越融洽。

键山就这样默默独自打扫了10年，直到10年后，才有一两名员工主动帮他一起打扫；20年后，员工们开始主动对办公室进行扫除，把整个公司打扫得一尘不染；再后来，打扫范围扩大到同层写字楼的其他公司，甚至公用厕所。员工们每天都会提早到达公司，结伴进行打扫。就这样，键山没有对员工提任何要求，却带动了所有员工主动打扫。

随着员工打扫积极性的上升,键山的公司也越做越大,成为当地知名的企业。同时,他的扫除之道也被大众熟知并认可,越来越多的人慕名而来,向他讨教经验,被称为"日本经营之父"的稻盛和夫也对他敬佩有加。

键山坚持打扫厕所长达55年,直到86岁腿脚不便才停止。在这期间,经过他与员工的共同努力,他开了700多家店铺,雇用员工多达3000名,创造了1400亿日元的惊人年销售额。

键山秀三郎的成功在日本业界被奉为"神话",同时也给企业管理者们提供了非常有价值的参考。当然,这并不是说要管理者必须像他一样亲自打扫厕所,而是从他这一富含哲理的行为中,我们能总结出很多卓有成效的管理方法。

第一,就像故事中所讲的,干净的环境可以让人静下心来。每个人在工作中都会遇到不顺心的事情,却又不能随便发泄,反之还要时刻对客户、领导和同事展现良好的状态,不可谓不辛苦、不委屈。假如这时再处于脏乱的环境中,员工的情绪就会变得更加浮躁,从而使工作效果更为糟糕。而管理者可以通过自己的行为改变员工的卫生习惯,让大家随时保持工位的整洁、干净,带动情绪朝良好的方向发展,从而使心情慢慢平复,以全新的状态再次投入到工作当中。

第二,键山的做法非常高明,既然选择打扫,就从最脏、最臭的地方做起,这可以很好地磨炼员工的心性。试想,面对散发着恶臭的厕所,坐惯了办公室的白领、金领等年轻人都能一点一点收拾打扫,那么工作中还有什么问题是忍受不了的呢?还有什么事情是值得发脾气、闹情绪的呢?这给了我们一个很好的启示,当员工对工作失去耐性的时候,与其一味对着他们做心理建设,或者将他们痛骂一顿,不如让他们去做一点更苦、更累的活,或者让他们看看其他人在如何辛苦地工作。就像心理医生建议总是抱怨生活不幸的人到重症病房去看看一样,人在比较中往往才能意识到自己已经拥有了很多,从而更懂得珍惜当下,停止对生活和工作的抱怨。

第三,能够沉下心来做打扫工作的人,可以改掉傲慢的毛病,保持谦逊之心。键山曾说过这样一句话:"我从未见过乐于扫除的人是个傲慢者,那些坚持扫除的人,都变成了谦虚的人。"打扫是个梳理内心的过程,在将污渍一点点擦干净、物品归置整齐的同时,人的内心情绪会跟着得到梳理,能够重新心平气和地思考问题,更容易找到解决困难的方法。同样地,当你发现自己的员工开始轻视工作、怠慢同事时,批评很可能会引起他情绪上的反抗,不如给他一些时间,引导他梳理内心想法,反思自己的状态和处事方式,帮助他更好地认识自己,戒掉傲慢,找回谦虚的态度。

另外,打扫会让人关注细节,使人学会更好地处理工作中的每件小事;而在又脏又累的劳动之后,人的感恩之心会被唤醒,工作状态和人际关系都会得到改善……这些都是键山留给管理者的宝贵经验,都是管理者在平时的工作中应当着意重视的几个方面。当然,这些并非只有通过打扫才能实现,管理者可以根据团队和每个员工的特点,寻找更适合的方法,引导员工不断进步,蜕变成更优秀的人。

高级的管理是要激发员工的善意

身为管理者,你有没有遇到过这样的苦恼:你盯着员工时,他们看起来总是特别卖力地工作,但只要你一转身,他们就会关掉工作窗口,打开网络购物界面、聊天软件、视频小说等,一看就是半天,还戏称自己在"摸鱼"。另外还有一些员工,他们并不会在工作以外的事情上花费时间,但工作效率同样很低,业绩总是提不上去。这两个让人头疼的现象,总结起来分别是"出工不出力"和"出力不出活"。大多数管理者遇到这样的问题,最常采用的解决办法是加强监督、提高业绩要求,或者干脆训斥一通,让员工不敢再偷懒,也有一些公司会屏蔽掉与工作无关的软件。但实际上,这些做法效果都不太好,员工可能因一时畏惧而改变工作态度,时间一长又回到原样。另外,屏蔽软件的方式就更不可靠了,且不说软件无法完全屏蔽,到头来可能还会落得一个"限制员工自由"的罪名。针对这类情况,有一个更高级的管理方法可以解决问题,那就是激发员工的善意。

现代管理学之父彼得·德鲁克是最早提出这个概念的人,他说:"在管理方面,方法和技巧固然重要,但在这之前,最重要的是让员工'想干',只有'想干'的员工才能成为'能干'的人。而要想让员工'想干',就要激发他们的善意。"之后,德鲁克又将这一说法总结为：管理的本质就是激发员工的善意。所谓激发善意，就是在员工工作之前，让他们想要工作、渴望工作。德鲁克认为，善意被激发出来的员工才会全身心地投入工作，而无须管理者规定一堆制度来约束他们，或者全天候地进行监督。现代企业中，管理者们越来越多地将这一条概念奉为金科玉律，并积极地把它运用于日常管理工作当中。

案例

海底捞的服务在业内一直被奉为最高级别，每个体验过的消费者都会对他们无微不至的服务印象深刻，更令人称道的是，海底捞的每个员工脸上都带着最为诚挚的笑容，似乎对他们来说，服务客户不是一个任务，而是一件乐事。在海底捞，顾客总是能感受到最舒心的服务。而能让员工如此投入地工作，绝不是制度和监管可以达到的。

那么，为什么海底捞的员工总是能带给顾客最好的一面？这是因为，公司已经把员工最需要的东西给了他们，大大激发了员工的善意。

海底捞的大部分员工都来自偏远落后的山村，在入职培训期间，公司会事无巨细地教会他们在城市生活的技能，包括如何乘坐地铁、如何使用自动柜员机。如果有不识字的员工，公司还会请老师来为他们上课。到发工资的时候，公司会把一部分奖金打给他们远在家乡的父母，让他们也能感受到孩子的这份荣誉。另外，公司除了为员工提供宿舍，还给他们聘请保姆，做饭、打扫卫生都无须员工动手。在这样温暖、周到的关怀下，员工们都对公司充满感激，心甘情愿地为公司出力。

除了照顾在职员工，海底捞还有一项"奇葩"规定，那就是假如入职一年以上的店长离职，即便是跳槽去竞争对手那里，海底捞也会送上8万元作为感谢；小区经理离职，公司赠送20万；如果是大区经理离开，海底捞会直接送他一家分店。这就是他们独有的"嫁妆"文化。然而在如此厚礼的诱惑下，海底捞十几年来只有三个店长以上职务的人离职，绝大多数员工则坚定地选择留在公司。

当公司对待员工胜似亲生父母疼爱孩子时，但凡有一点感恩之心的人，都会以全部的善意回报公司。海底捞的成功，恰恰就在于充分激发了员工的善意，打造了"赶着都不走"的企业文化。

案例

9·11事件后，美国航空业面临了前所未有的灾难。一些管理者一边喊着员工是企业最大资产，一边则快速裁员，近十万名员工面临失业。可是美国西南航空公司却决定，即便每天亏损三四百万美元，也要坚持避免裁员。西南航空的决定感动了员工，员工们更努力工作，提出了很多降低成本的建议。有的员工甚至将自己部分红利和工资直接给了公司，还有的员工在退税支票上签字，直接将钱转到公司名下。

管理是一门真正的艺术。那么管理的对象是谁呢？是工作的人类社群。从表面看，管理的对象是工作的成效，但是工作是由人从事的，所以，管理者不能不和人打交道。管理者每天都要面对不完美的人，面对人性中的善与恶，面对人的潜能、长处和人的弱点。关于这点，任何有经验的管理者都会明白。

管理的本质，其实就是激发和释放每一个人的善意。同情别人，愿意为别人服务，这是一种善意；愿意帮人家改善生存环境、工作环境，也是一种善意。管理者要做的是激发和释放人本身固有的潜能，创造价值，为他人谋福祉。